_____ 님의 소중한 미래를 위해
이 책을 드립니다.

직장생활의
99%는
관계다

직장생활의 99%는 관계다

사람 때문에
상처 받지
말자

이현주 지음

메이트북스

메이트북스

우리는 책이 독자를 위한 것임을 잊지 않는다.
우리는 독자의 꿈을 사랑하고,
그 꿈이 실현될 수 있는 도구를 세상에 내놓는다.

직장생활의 99%는 관계다

초판 1쇄 발행 2019년 4월 5일 | 초판 3쇄 발행 2023년 9월 1일 | 지은이 이현주
펴낸곳 ㈜원앤원콘텐츠그룹 | 펴낸이 강현규·정영훈
책임편집 안정연 | 편집 박은지·남수정 | 디자인 최선희
마케팅 김형진·이선미·정채훈 | 경영지원 최향숙
등록번호 제301-2006-001호 | 등록일자 2013년 5월 24일
주소 04607 서울시 중구 다산로 139 랜더스빌딩 5층 | 전화 (02)2234-7117
팩스 (02)2234-1086 | 홈페이지 matebooks.co.kr | 이메일 khg0109@hanmail.net
값 15,000원 | ISBN 979-11-6002-224-7 03190

이 도서의 국립중앙도서관 출판시도서목록(CIP)은 e-CIP홈페이지(http://www.nl.go.kr/ecip)에서
이용하실 수 있습니다.(CIP제어번호 : CIP2019010089)

상대에게 맞추려면
상대가 나와 다르다는 것을 인정해야 한다.

· 법정 스님 ·

직장에서의 주요 관계에서 상처 받지 말자!

직장 내의 상담센터에서 상담하기 시작한 지 거의 20년이 되어 간다. 돌이켜보면, 회사의 규모나 업종에 관계없이 직장인들이 상담센터를 찾는 가장 주된 이유는 인간관계와 관련된 주제다. 관계가 힘든 것이 단지 직장생활만은 아니겠지만, 가끔 만나게 되는 사적인 관계와 달리 출근하면 매일 봐야 하는 사람들과 불편한 것은 참으로 곤혹스럽다. 회사를 떠나는 것은 당장의 해결책일 수는 있지만, "여우를 피하려다가 호랑이를 만난다"라는 속담처럼 문제는 어디를 가거나 나와 잘 맞지 않는 사람은 있다는 점이다.

그래서 "직장생활하려면 인간관계를 잘해야 한다"라고들 한다. 하지만 이 말이 그렇게 긍정적으로만 들리지는 않는 것 같다. 반감을 느끼게 되는 것은 회사에서 주어진 업무만 제대로 하면 되는 거지, 굳이 사람들과 잘 지낼 필요까지 있는가 싶어서일 것이다. 더구나 점차로 개인적 성향과 다양성을 존중하는 것이 중요해지는 마당에 굳이 주변 동료와 상사에게 나를 맞추라는 것은 시대착오적인, 소위 '꼰대' 같은 발상일 수 있다.

사실, 모든 사람과 다 잘 지낼 수 없고, 그래야 할 필요도 없다. 관계 관리의 시작은 어쩌면 모두와 잘 지내야 한다는 기대를 내려놓는 것이라고 할 수 있다. 관계 스트레스를 들여다보면, 함께 일하는 사람들이 나를 좋아할 것이라는 기대, 나를 있는 그대로 봐줄 것이라는 기대, 내가 가진 역량과 잠재력을 알아봐줄 것이라는 기대 같은 것이 마음 깊이 자리하고 있는 경우가 종종 있다. 참으로 안타까운 일이지만 그런 기대가 현실에서 충족되는 것은 매우 어렵다.

직장생활에서 관계 관리를 한다는 것은 주변 동료와 상사에게 자신을 맞추는 것이 아니라, 나를 잃지 않고 그들과 적당한 거리를 일관적으로 유지해가는 것이라고 하는 게 더 적절하다. 나와 잘 통하는 사람을 만나는 것은 행운이지, 당연한 일이 아니다. 어쩔 수 없이 매일 부딪혀야 한다면, 그곳에서 사람들에게 상처 받지 않고 관계로 인한 스트레스로부터 나를 지켜내는 것이 최선이다. 혹시라도 평정심을 회복하지 못하고 관계 스트레스에 휘둘려서 내가 가지고 있는 역량을 제대로 발휘하지 못하거나 직장생활 이외의 사적인 영역에까지 부정적인 영향을 입는 것이 조심해야 할 부분이다.

이 책은 직장생활에서 마음 건강을 유지하기 위해 관계를 어떻게 다룰 것인지에 초점을 두고 이전에 출간되었던 『내 마음이 도대체 왜 그럴까』의 내용을 대폭 개정한 것이다. 첫 번째 파트에서는 직장에서의 주요 관계에서 상처 받지 않기 위해서 마음관리를 어떻게 할 것인지를 다루었다. 관계를 바라보는 관점과 기대를 좀 다르게 할 수 있다면 그로 인한 스트레스도 경감될 수 있을 것이다. 두 번째 파트에서는 지친 마음을 위로하고 다스리는 방법에 대해서 다루었다. 상황이 바뀌지 않으면 혼자 노력한다고 해도 어쩔 수 없는 부분들이 있다. 무기력하거나 화가 나는 것은 당연한 일이며, 그 감정들이 잘못된 것은 아니다. 다만 그것들에 오래 머무르지 않을 수 있어야 건강하게 직장생활을 버틸 수 있다.

주어진 일을 하고 보수를 받는다는 것은 일의 크기나 직위와 관계없이 쉽지 않다. 잠시 하는 시간제 아르바이트이거나 높은 경쟁률을 뚫고 들어간 선망하던 직장이거나 원치 않는 일도 하고 불쾌감을 주는 상대와 마주해야 하는 것 모두 마찬가지다.

하지만 일을 한다는 것은 삶의 행복과 활력을 주는 주요한 원천이기도 하니 힘들다고 아예 피할 수는 없는 일이다. 바꾸는 것이 어렵고 받아들여야 하는 부분이 있다면, 내가 바라는 부분을 얻기 위해 그러지 않은 부분은 견디고 버티는 것이 필요하다.

버티는 데도 기술이 필요하다. 잘해보려고 무작정 참으며 에너지를 모두 소진하거나 자신을 해치기보다는 마음 건강을 지켜가면서 직장생활을 하는 것이 자신을 위한 길이다. 상담에서 나누던 이야기들을 마음이 답답한 직장인들에게 도움이 되었으면 하는 마음으로 정리했다. 아울러 이제 성인이 되어 사회생활의 어려운 점을 차츰 배워가는 사랑하는 수빈이와 친구들에게도 작은 도움이 되기를 기대해본다.

이현주

모든 사람과 다 잘 지낼 수 없고,

그래야 할 필요도 없다.

모두와 잘 지내야 한다는 기대를 내려놓아보자.

PART
01 관계에서 상처 받지 않고 당당하게 소통하는 법

대인관계

PART

02 정글 같은 직장에서
평정심을 잃지 않는 법

감정관리

『직장생활의 99%는 관계다』
저자 심층 인터뷰

'저자 심층 인터뷰'는 이 책의 주제와 내용에 대한 심층적 이해를 돕기 위해
편집자가 질문하고 저자가 답하는 형식으로 구성한 것입니다.

Q. 『직장생활의 99%는 관계다』를 소개해주시고, 이 책을 통해 독자들에게 전

하고 싶은 메시지가 무엇인지 말씀해주세요.

A. 어떤 일을 하는가에 따라 정도의 차이는 있겠으나, 혼자 하는
일은 거의 없습니다. 직장생활의 목적이 관계가 아니라고 해도
인간관계를 피해서 할 수 있는 일은 없지요. 그래서 내 마음이
다치지 않게 관계 스트레스로부터 마음을 지켜내는 것은 직장
생활을 건강하게 유지하는 데 필수라고 생각합니다.

직장에서 만난 사람들과 친밀하게 지내거나 그들을 좋아해야

할 필요는 없습니다. 하지만 업무에서 필요한 수준의 관계를 유지하는 정도의 평정심은 잃지 않아야 할 것입니다. 지금 관계 스트레스로 출근길이 괴로운 분이 있다면 이 책을 통해서 그들과 심리적 거리를 두고 평정심을 찾을 수 있기를 바랍니다.

Q. 대인관계와 관련된 스트레스 때문에 이직하거나 퇴직하는 직장인이 많다고 합니다. 직장에서의 인간관계가 가지는 특수성은 무엇인가요?

A. 무엇보다도 직장에서의 인간관계는 만남의 기회를 선택할 수 없습니다. 사적인 관계에서는 좋아하지 않는 친구가 있는 모임이 생기면 안 나가면 그만입니다. 마음에 맞는 친구들만 모아서 따로 자리를 마련할 수도 있습니다.

하지만 상사나 팀원이 마음에 들지 않는다고 출근을 안 할 수는 없습니다. 팀이나 부서 이동을 요청할 수도 있겠지만, 그렇게 간단한 일은 아닙니다. 이렇게 만남을 의지대로 통제할 수 없다는 것이 인간관계의 불편함을 가중시킵니다. 어디를 가나 마음에 맞지 않는 사람을 만날 가능성은 존재하고, 그때마다 이직을 할 수는 없으니 관계 스트레스를 다루는 기술을 익히는 것이 필요합니다.

Q. 관계가 좋지 않거나 불편한 상사와 함께 일해야 할 때 느끼는 스트레스는 어느 때보다 큽니다. 그럴 때 어떻게 대처해야 하나요?

A. 경력이 쌓이면 승진을 하고 상급자가 될 수 있습니다. 그렇지만 인격과 직급이 비례하는 것은 아니지요. 경륜이 쌓이는 만큼 인격적으로도 성숙해져 부하직원을 잘 이끌고 배려해줄 수 있다면 좋겠지만, 그것이 상급자가 될 수 있는 필수조건은 아닙니다.

그러므로 상급자에 대한 특별한 기대가 있다면 현실화하는 것이 우선입니다. 기대를 낮추고 업무에 필요한 수준으로 관계를 유지하는 것이 상대로 인한 스트레스를 최소화할 수 있는 길입니다. 근무중 느끼는 스트레스를 완전히 피할 수는 없겠지만, 퇴근 후에는 영향을 받지 않도록 하는 것이 현명한 대처입니다.

Q. 매일 얼굴을 맞대야 하는 동료와 관계가 불편하면 고역이 아닐 수 없습니다. 동료관계를 잘 유지하려면 어떠한 마음가짐이 필요한가요?

A. 상대가 불편하면 마주하기 싫고 피하고 싶은 것이 사람 마음입니다. 그런데 직장동료와는 협업까지 해야 하니 더 불편합니다. 우선, 자신에게 더 중요한 목표에 집중하고 그 관계는 목표 달성 과정중에 일어나는 단지 사소한 것일 뿐임을 기억하세요.

좀더 적극적으로 관계를 개선하고 싶다면 내가 갈등에 미치는 영향력을 점검해보고, 문제가 되고 있는 상대방의 구체적인 행동을 중심으로 개선을 요구해볼 수 있습니다. 동료의 성격이나 부족한 부분을 개선해보겠다는 생각이 지나친 개입으로 받아들여져 오히려 관계를 해칠 수도 있으니 욕심은 내려놓는 것이 좋습니다.

Q. 직장에서의 남녀 간 갈등은 성별 차이에 대한 이해의 부족보다는 성별 차이에 대한 지나친 집중에서 비롯되는 경우가 더 많다고 하셨습니다. 무슨 뜻인지 자세한 설명 부탁드립니다.

A. 남녀는 동일하지 않습니다. 그리고 모든 사람은 동일하지 않습니다. 사람은 모두 다른데, 굳이 남녀의 차이에 집중해서 상대방의 행동을 분석하고 이해하려는 태도는 상대를 제대로 이해하는 것이라고 볼 수 없습니다. 다시 말해서, 상대방을 성별 특성으로만 이해하려고 하면 그 사람의 다양한 특성을 제대로 볼 수 없습니다. 대안이 2가지밖에 되지 않는 가장 손쉽고 익숙한 범주에 상대방을 끼워 맞추게 될 수도 있습니다. 성별 차이를 인정하는 것은 바람직하지만 그것이 편견이 되지 않도록 주의해야 합니다.

Q. 회사에 워낙 다양한 성격을 가진 사람들이 모이다보니 성별 행동에 문제가 있는 이들과도 관계를 맺게 됩니다. 그런 사람들과 잘 공존할 수 있는 방법은 무엇일까요?

A. 한 사람의 행동 패턴 안에는 오랜 역사가 있습니다. 그 행동 패턴은 어린 시절부터 지금까지 지내온 여러 경험이나 환경의 영향을 받아 형성되었을 것입니다. 살아온 역사만큼 익숙한 행동 패턴을 바꾼다는 것은 복잡하고 시간이 걸릴 뿐 아니라 본인의 의지도 필요한 일입니다. 그러니 상대의 성격이 아니라 지금 회사에서 문제가 되는 행동에만 초점을 맞춰서 접근하는 것이 효과적입니다. 문제 행동에 대한 충고와 조언은 살아오면서 이미 충분히 들었을 테니 내 기운만 빼는 일입니다. 아울러 그들의 행동이 지금까지 살아온 경험을 반영한 것이지 나를 괴롭히기 위한 것임은 아니라는 점을 기억하는 것이 좋습니다. 상대방의 행동을 개인적으로 해석하기보다 객관적인 거리를 두어야 상처 받지 않습니다.

Q. 직장 내 인간관계 때문에 내적·외적으로 갈등이 있을 때 회사를 떠나고 싶다는 마음까지 듭니다. 지혜로운 해결 방안은 무엇일까요?

A. 우선 자신이 지금 얻고자 하는 것이 무엇인지 탐색해보면 좋겠습니다. 얻고자 하는 것이 당면한 갈등을 피하는 것인지, 경

력 발전을 위해서 필요한 것인지 크게 2가지로 나눌 수 있습니다. 전자의 경우, 안타깝게도 갈등은 어디에나 있습니다. 피하는 것보다는 내성을 키우는 것이 더 필요합니다. 후사의 경우, 자신의 역량에 대한 객관적이고 정확한 평가부터 하는 것이 필요합니다.

자신이 원하는 것과 실제로 할 수 있는 것에 차이가 있다면, 그 차이를 받아들여야 합니다. 이런 검토를 마친 후에 회사를 떠나는 것이 경력 발전에 필요하다고 판단했다면 이제 변화를 위한 준비를 시작해야 할 것입니다.

Q. 화를 쌓아두지 말고 그때그때 표현하라는 사람들도 있고, 화를 드러내기보다 참는 것이 낫다는 사람들도 있습니다. 회사에서 분노라는 감정이 치밀 때 어떻게 해야 할까요?

A. 분노를 그때그때 표현하는 것도, 화를 무조건 참는 것도 올바른 방법이라고 할 수 없습니다. 요점을 말하자면, 상황을 고려해서 적절한 시점에 정제된 방식으로 감정을 표현하는 것이 중요합니다.

감정을 표현하기에 적절한 상황과 시점인지 고려하기 위해서는 먼저 치밀어 오르는 분노를 식히는 것이 필요합니다. 압력솥을 그냥 열면 터져버리니 김을 조금 빼야 하는 것처럼 말이

지요. 분노의 전조를 미리 자각해놓았다가 강한 분노 감정을 식힐 수 있는 소소하고 다양한 방법들을 마련해놓으면 도움이 됩니다. 커피를 한 잔 하거나, 화장실을 다녀오거나, 로비에 잠시 다녀오는 것도 좋은 방법입니다. 그 후에 상황의 긍정적인 면과 부정적인 면을 모두 고려해 화가 난 이유와 요구 사항을 표현하는 것이 도움이 됩니다.

Q. 회사에서 사람들이 부탁을 하면 거절을 하지 못해 일은 일대로 떠안고, 마음속으로는 서운함을 쌓는 사람들이 있습니다. 그런 사람들이 실속을 차리려면 어떻게 해야 하나요?

A. 첫째, 거절이 상대방을 거절하는 것이 아니라 그 부탁을 거절하는 것임을 구분하는 것이 필요합니다. 거절 때문에 그 사람과의 관계가 불편해지는 것은 잠시일 뿐입니다. 둘째, 의견을 표현한다고 해서 모두 공격적으로 보이는 것은 아닙니다. 공격적으로 보일까봐 염려된다면, 부드럽게 거절하는 기술을 익히는 것이 도움이 됩니다. 셋째, 상대의 입장뿐만 아니라 나에게 중요한 것을 함께 생각하는 연습이 필요합니다. 어떤 부탁이 상대에게 이롭지만, 자신에게는 그렇지 않은 경우 자신을 위한 선택을 한다고 해서 이기적이라고 할 수 없습니다.

Q. 인간관계로 인해 마음고생을 하고 어려움을 겪는 직장인들에게 조언 한 말씀 부탁드립니다.

A. 모든 사람과 잘 지낼 수는 없습니다. 살다보면 내가 싫거나 나를 싫어하는 사람과 관계를 유지해야 할 때가 있지요. 직장에서 인간관계가 힘든 경우, 자신을 돌아보고 상대방을 파악해서 관계를 개선하는 노력은 물론 중요합니다. 그렇지만 불편함과 함께 지내는 힘을 키우는 것도 필요합니다. 불편함을 없애거나 그것에서 벗어나려고 애쓰고 있다면, 그들과의 업무 수행에 필요한 만큼의 수준을 유지하는 데만 에너지를 쏟고, 나머지는 삶에서 더 중요한 사람들에게 집중해서 행복을 키우라고 말씀드리고 싶습니다.

1. 네이버 검색창 옆의 카메라 모양 아이콘을 누르세요.
2. 스마트렌즈를 통해 이 QR코드를 스캔하시면 됩니다.
3. 팝업창을 누르시면 이 책의 소개 동영상이 나옵니다.

⚡

PART 1

관계에서 상처 받지 않고
당당하게 소통하는 법

대인관계

직장인을 대상으로 한 설문조사들에 따르면, 이직 사유 중 가장 많은 비율을 차지하는 것이 바로 직장 내 대인관계 문제라고 한다. 업무가 잘 맞지 않으면 직무를 변경해보거나 새로운 기술을 배우는 등 어쨌거나 혼자 해결할 문제이지만 대인관계, 즉 사람이 잘 맞지 않는 것은 혼자 어찌해보는 데 한계가 있다. 게다가 '직장'이 가지는 특수한 상황이 그 스트레스를 가중시킨다.

그 특수함 중 가장 큰 요소는 아마도 '피할 수 없다'는 것일 것이다. 사적인 관계라면 좋아하지 않는 사람은 안 보면 그만이다. 다시 말하면, 만남의 기회를 줄이는 방식으로 내가 느끼는 불편감을 조절할 수 있다. 하지만 직장에서는 함께 일할 사람을 스스로 선택하기 어렵고, 마주칠 기회를 내 뜻대로 통제하기도 쉽지 않다. 의지대로 통제할 수 없다는 사실이 관계가 주는 불편감을 더욱 가중시킨다.

상사라면 지시에 따르고 업무수행에 대해 평가를 받아야 하고, 마음에 들지 않거나 갈등이 있는 상대방이라고 해도 업무 관련 사항이 있으면 얼굴을 맞대고 협업을 해야 한다. 물론 업무를 바꿔보거나 인사부서에 다른 팀으로 옮겨달라고 요청해볼 수는 있겠지만, 초등학교에서 짝꿍을 바꿔 달라는 것처럼 쉽게 받아들여질 리는 없다. 시간이 지나도 관계에서 오는 스트레스가 지속적이면 여기를 떠나야 하는 것이 아닌가 싶기도 하다.

단순하고 명백한 해결 방법은 통제할 수 없다는 사실을 인정하고 받아들이는 것이다. 하지만 안타깝게도 우리의 마음이 그렇게 생각하는 대로 쉽게 움직이지 않는다. 생각하는 대로 마음을 움직이려면 익숙하게 길들여져 있는 마음의 습관을 자각하고, 방향을 바꾸어 원하는 대로 움직일 수 있도록 하는 지속적인 연습이 필요하다.

1장

가까이 하기엔
너무 먼 당신

⚡

상사와의 관계

직장 내 인간관계에서 가장 대하기 까다로운 관계는 아마도 상하관계일 것이다. 회사는 업무를 위해 모인 조직이고, 업무를 지시하고 그 결과에 대해서 피드백을 하는 사람은 선배 혹은 상사이니, 그들과의 관계를 원만하게 유지하는 것은 평탄한 회사생활을 하는 데 주요한 역할을 한다. 그래서 상사와의 관계가 불편하거나 마음이 맞지 않는 상사와 함께 일해야 할 때 느끼는 스트레스는 어느 때보다 크다.

상사 스트레스를 가중시키는 마음의 습관 3가지

⚡

그동안 유난히 상사와 지내는 것이 힘들었다면, 유독 운이 없었던 것일 수도 있다. 그런데 만일 나의 관점이 스트레스를 키우는 쪽으로 치우쳐 있었다면 상사와의 관계는 더욱 힘들었을 것이다. 아무리 좋은 사람을 만난다고 해도 상하 관계는 마냥 좋을 수는 없는 관계다. 회사를 바꾸어도 지속적으로 상사가 스트레스의 원천이 된다면 발생하는 스트레스를 가중시키는 습관이 있지 않은지 점검해보면 어떨까?

상사는
훌륭해야 한다

상사와의 관계에서 점검해봐야 할 첫 번째 마음의 습관은 상사의
역할에 대한 이상적인 기대다. 좋은 상사는 어떤 모습이어야 한다
고 생각하는가? 우리는 모두 어떤 역할에 대한 이상적인 기대를
지니고 있다. 예컨대 '아버지는 강인해야 한다' '딸은 애교가 있어
야 한다' '학생은 단정해야 한다' 등과 같이 주어진 역할에 어울리
는 바람직한 행동을 기대한다. 이것은 직장상사에 대해서도 마찬
가지다. 우리는 TV 드라마나 소설에 나오는 인물이나 가까운 사
람들의 직장생활을 간접적으로 체험하면서 '직장상사'가 갖춰야
하는 바람직한 모습에 대한 기대를 형성한다.

"팀장은 결정장애가 있는 사람 같습니다. 얼마 전에는 신상품 소개책
자를 만드는데, 2가지 안을 놓고 결단을 내리지 못하고 주변 의견수렴을
하다가 납기를 놓칠 뻔했어요. 물론 본인이 책임을 져야 하니까 신중해야
하는 점은 알겠지만, 가끔은 팀장으로서 능력이 의심될 때가 있습니다.
주변에서 뭐라고 하더라도 본인의 의견을 밀어붙일 줄도 알고 카리스마
가 있어야 팀장다운 건데, 팀장답지가 않습니다. 저런 팀장한테는 배울
게 없어요."

A씨를 힘들게 하는 것은 상사인 P팀장의 업무스타일이다. P팀장은 복잡한 업무가 생기면 시원하게 결단을 내리지 못하고 팀원들에게 지꾸 의견을 묻는다. 어느 쪽이든 장단점이 있는 법이니 팀장으로서 책임을 지고 최종적인 선택을 해야 그 다음 일을 이어 진행할 텐데, 고민만 하고 결정하는 데 시간이 한참 걸리니 답답하다.

물론 팀장에게 장점이 없는 것은 아니다. 좋게 말하자면, 결정을 내리는 데 신중하고 팀원들의 의견을 존중해준다. 그렇지만 신중함이나 배려보다는 추진력과 결단력이 팀장에게 필요한 자질이라고 생각하는 A씨에게 팀장은 자격 부족으로 보인다.

부모가 부모답지 못하다고 느끼고 학생이 학생답지 못하다고 느낄 때, 우리는 그들을 비난하고 신뢰하지 않는다. 마찬가지로 상사가 상사답지 못하다고 생각하면 인정과 신뢰를 보낼 수 없고, 그러면 직장 안에서 업무관계가 원활할 리가 없다. 어떻게 신뢰할 수 없는 사람의 지시와 피드백을 받아 업무를 수행하고 수정해갈 수 있겠는가.

하지만 내가 가진 어떤 역할에 대한 기대는 그 역할을 수행하는 사람이 갖추어야 하는 유일한 정답이 될 수 없다. A씨는 팀장이라면 추진력이 가장 중요하다고 생각하지만, 다른 사람은 신중함이 필수적이라고 생각할지도 모른다. 바람직하다고 여기는 모습에 부합되기를 요구하고 다른 방식을 인정하는 것이 꺼려진다면, 나에게 익숙한 마음의 습관에 길들여져 있는 것은 아닌지 돌이켜보자.

지시와 간섭의 결정적인 차이

상사와의 관계에서 점검해야 할 두 번째 마음의 습관은 지시와 통제에 대한 나의 태도다. 어떤 사람들은 독립적이고 자율적인 분위기에서 일하는 것이 좀더 마음이 편하다. 외부의 지시나 통제를 당하면 신경이 쓰여서 오히려 효율이 저하되거나 반감을 느끼기도 한다. 그런데 팀으로 일하는 직장에서는 정도의 차이는 다소 있을지라도, 상사의 지시와 통제 없이 독자적으로 움직인다는 것은 어려운 일이다.

"일이 잘 되어가고 있는지, 어디까지 진척되었는지, 이러저러한 것은 확인했는지 등 부장은 수시로 업무상황을 체크합니다. 잠깐 여유를 가지려고 하면 일은 끝내놓고 놀고 있냐며 또 이것저것 확인하고 지시를 합니다. 그렇게 못 미더우면 본인이 다 하는 게 나을 것 같아요. 막상 하려던 일도 위에서 시키면 하기 싫은데, 뭘 이렇게 간섭을 하는지 모르겠습니다."

B씨는 자율적으로 업무를 할 때 더 효율이 오르는 편이다. 주어진 업무 범위나 업무량, 개인적인 일정 등 자신에게 주어진 시간을 전체적으로 고려하면서 일을 하고 있는데, 곁에서 뭐라고 하면 흐름이 깨지는 것 같아 짜증이 나고 만다.

B씨는 학창시절에도 행동 하나하나를 엄격하게 관리하는 담임선생님을 만났을 때는 학교에 가기 싫었던 사람이다. 학교생활이 가장 즐겁고 성적도 올랐던 시기는 큰 간섭 없이 아이들을 내버려두던 담임선생님을 만났던 때다. 일부 학부모는 학생들을 방임하는 것이 아니냐며 좋아하지 않았지만, B씨는 통제보다는 무관심이 더 좋았고 존중받는 것처럼 느껴졌었다.

이전 부서에서는 업무를 전달받을 때와 보고할 때만 부장의 피드백을 받으면 그만이었는데, 현재 같이 일하는 부장은 중간중간 건건이 확인을 한다. 자신을 못 미더워해 간섭하고 부장 마음대로 하려는 것 같아 화가 나서 업무에 집중하기 어려울 정도다.

회사에서 상위직급의 지시를 따라야 하는 것은 당연한 일이다. 그런데 지시를 당연한 것으로 받아들이는 정도는 각자마다 조금씩 다를 수 있다. 자율을 중시하고 통제에 민감한 사람은 합당한 지시를 불쾌한 간섭으로 인식하게 되는 '역치'가 그렇지 않은 사람에 비해 낮은 편이다. 자율적이고 독립적 성향이 강한 사람, 혹은 합리적인 권한 행사만을 인정하려는 사람은 상사의 꼼꼼한 지시나 잦은 확인에 반감을 느끼고, 상사와의 관계에서 스트레스를 좀 더 느끼는 경향이 있다.

권위에 대한 개인의 태도는 근원을 거슬러 올라가자면 부모, 혹은 부모에 비교될 만한 권위 있는 인물과의 관계에서 비롯된다. 권위를 가진 인물들이 지시나 행동을 통제하던 방식이 어떠했는지, 그들과의 관계가 어떠했는지 등에 따라서 외부의 지시를 대하는 마음의 습관이 만들어진다.

잔소리를 듣는 것이 유쾌한 일은 아니지만, 하던 일에 대한 흥미도 사라지는 등 업무에 방해가 될 정도로 감정에 방해가 된다면 그동안 부딪혔던 권위적인 인물과의 관계를 돌이켜보자. 익숙하게 움직이는 마음의 습관이 대인관계 관리와 나의 마음 건강에 얼마나 도움이 되고 있는지 점검해보자.

차이를 대하는 태도, 차이를 받아들이는 습관

마지막으로 점검할 마음의 습관은 '차이를 대하는 태도'다. 우리는 모든 사람이 다 같지 않다는 것을 아주 잘 알고 있으면서도, 정작 실생활에서는 상대방이 나와 같을 것을 기대한다. 특히 가족이나 직장사람들처럼 자주 만나고 같은 집단에 소속되어 있는 사람들에게는 더욱 그러하다.

"일하고 있는 팀으로 이동한 후에 일하는 게 너무 힘들어졌습니다. 예전과 달리 이 팀의 상사에게 보고서를 올릴 때는 적어도 5번 이상 반려될 것을 예상해야 합니다. 전반적인 흐름이나 내용이 제대로 되어 있으면 그냥 넘어가면 될 것을, 사소한 부분을 가지고 문제삼아서 수정을 요구하니까 괜히 꼬투리를 잡아서 괴롭히려고 하는 게 아닌가 싶어 화가 납니다."

C씨는 문서 작성에 많은 시간을 투여하는 것이 어리석은 일이라고 생각한다. 문서는 그저 형식이고 편의를 위한 기록일 뿐이니, 요점과 방향이 정확하다면 양식이나 오타 같은 사소한 디테일은 신경 쓰지 않는다.

그런데 팀장은 C씨와 스타일이 매우 다르다. 팀장은 사소한 부분이 제대로 되어 있지 않다는 것은 기본이 제대로 갖춰져 있지 않다는 것을 의미한다면서 직원들이 세세한 부분까지 주의를 기울이기를 원한다.

팀장과 그의 스타일 차이는 보고서 작성 외의 다른 부분에서도 종종 부딪힌다. 예컨대 출근시간이나 점심시간을 지키는 것이 당연한 원칙이기는 하지만 C씨는 조금 늦을 수도 있다고 생각하는 데 비해 팀장은 매우 엄격하다. 심지어 팀장이 하는 농담조차도 C씨는 전혀 재미가 없다.

사람은 모두 다르고, 업무 방식에도 그 다름이 반영된다. 업무 목표가 동일하다고 해도 그것을 수행하는 방식은 개인마다 모두 다르고, 그 차이가 함께 일하는 사람들 사이에 긴장감을 유발한다. 직급이 동일하거나 관계가 원만하면 서로 소통하면서 차이를 조정해나가면 되는 일인데, 상하관계라면 상위 직급의 업무 방식에 맞추게 되는 것이 일반적이다. 상사의 업무 방식에 맞추는 것이 신경쓰이는 일이기는 하지만, 일하는 방식이 비슷하다면 긴장감은 좀 덜할 것이다. 예컨대 디테일과 원칙을 중시하는 팀원은 상사의 피드백이 합리적이라고 생각한다. 그래서 이걸 왜 해야 하는지 납득이 가지 않아서 답답한 C씨보다는 스트레스가 덜하다.

상사의 행동이 마음에 들지 않는다면, 특히 왜 저렇게 행동하는지 이해가 가지 않아서 더 답답하다면 차이를 받아들이는 데 경직된 것은 아닌지 돌이켜보는 것이 마음을 다스리는 데 도움이 된다. 차이를 수용하는 데 빡빡한 편이라면, 상사뿐만 아니라 동료나 후배와의 관계에서도 나와 다른 스타일을 지닌 사람과 함께 일하는 것이 불편하게 느껴질 것이다. 예를 들면 C씨는 꼼꼼하고 원칙을 따지는 동료나 후배와 함께 일하는 것은 가급적이면 피하고 싶다. 그런 이들이 답답해보여 잔소리를 많이 하고는 한다.

우리는 자신의 개성을 인정받고자 부단히 노력하면서도 정작 다른 사람의 개성을 인정하려는 노력에는 인색하다. 각자의 행동 방식과 습관은 그들의 수십 년 인생의 경험을 통해 형성된 것으로 나름대로의 이유가 있다는 것을 기억하자.

마음의 습관을 점검해보자

☐ 내가 가진 상사에 대한 이상적인 기대가 무엇인지 살펴본다.
☐ 권위에 대한 태도, 권위적인 인물과의 관계에 대해 탐색해본다.
☐ 유사한 성격의 사람과 갈등을 반복하고 있지는 않은지 살펴본다.

상사와
잘 지내는 법

⚡

내 마음의 습관이 상하관계 스트레스를 가중시키는 경향이 있다면, 이제 새로운 습관을 익히기 위한 마음 운동을 연습해볼 때다. 앞의 칼럼에서 제시한 3가지 마음의 습관 중 일부를 가지고 있을 수도 있고, 전적으로 상사의 매우 특이하고 도가 지나친 행동에서 비롯되었다고 판단할 수도 있을 것이다. 직장을 다니는 동안 상하관계에서 벗어날 수는 없으니, 마음의 힘을 기르는 것이 필요하다.

상사는 인격적으로
뛰어난 사람이 아니다

상사에게 화가 난 경험들을 들어보면 인간적으로 실망했다고 느꼈다는 이야기를 흔히 한다. "그래도 부장님인데 이럴 줄은 몰랐다"라는 식의 하소연들을 접하게 된다.

예를 들면 상사가 자신의 실수를 슬쩍 팀원의 잘못으로 돌려버리는 경우, 팀원의 아이디어를 마치 자신의 의견인 것처럼 발표하는 경우다. '내가 상사에게 뭐 그렇게 높은 기대를 한 것도 아닌데 이 정도도 못 하나?'라는 실망감에 정나미가 떨어진다고 한다. 자신이 상사에게 뭐 대단한 이상적인 모습을 기대한 것이 아닌데도 말이다.

그런데 가만히 따져보면 직급이 더 높다는 것이 직급이 아래인 사람보다 인격이 더 훌륭하다는 것을 의미하지는 않는다. 물론 연령과 직급, 업무 경험이 누적될수록 인격도 비례한다면 더할 나위 없이 이상적이겠지만, 세상이 항상 이상적으로 움직이는 것은 아니다.

왜 상사가 되어서 저 정도밖에 생각을 못 하느냐고 안타까워할 수는 있다. 하지만 그렇다고 그 사람이 그 직급에 위치할 자격이 전혀 없다고는 할 수 없다.

현실적으로 조직에서 승진을 결정할 때는 성과나 인품 이외에도 다른 여러 요인이 고려된다. 그 직위를 부여하는 것은 조직의 결정이고, 그 결정을 내렸을 때는 그럴 만한 이유가 있었을 것이다. 설사 좋은 결정이 아니었다고 해도 더 나은 대안이 없다면 현상을 유지해야 하는 것이 조직 운영의 현실이다. 그러니 상사의 인품이 존경할 만하지 않다고 해서 불만을 토로한다는 것은 상황을 변화시키는 데도, 자신의 경력을 발전시키는 데도 아무런 도움이 되지 않는다.

상사는 스승이 아니다. 스승 같은 상사를 만나 직장생활에서 업무 이외에도 많은 것을 배웠다고 말하는 사람들이 종종 있다. 그들은 운이 매우 좋은 것이다. 하지만 모든 사람이 운이 좋을 수는 없지 않은가?

관계의 본질이 업무임을 기억한다

직장 내의 상하관계는 본질적으로 업무로 만난 관계다. 다시 말해 근무시간 동안 업무와 관련해서만 잘 지내면 되는 관계다. 업무와 관련된 부분만 상호 논의 후 피드백하고 수행한다면, 토론은 있을 수 있지만 갈등이 생길 소지는 적을 것이다. 권한의 위계가 분명한 것이 조직이니 이견이 생기면 권한이 더 많은 사람, 다시 말해 그 건에 대해 책임을 질 사람의 의견에 따르면 된다. 그럼에도 불구하고 상하관계 갈등이 생기는 것은 우리가 기계가 아니라 사람인지라 감정이 있어서 오로지 이성만 가지고 업무에 임할 수 없기 때문이다.

호감이 생기는 사람과 일하면 아이디어도 더 잘 떠오르고 업무에도 가속이 붙는 것 같은데, 반대의 경우에는 그러지 않다. 감정을 지닌 사람이 일하는 것인지라 우호적 관계 속에서는 내적인 동기가 고취되기 쉽기 때문이다. 개인에 따라서 이러한 분위기에 영향을 받는 정도는 차이가 있다. 과제 중심적인 사람은 업무 갈등이 관계 전반으로 전이되는 경향이 적은 데 비해, 관계 지향적인 사람은 업무에서 갈등이 생기면 상대방과의 관계 자체가 불편해질 뿐만 아니라 다른 업무를 할 때도 영향을 받는 경향이 있다.

직장 상하관계에서 무엇보다 중요한 것은 업무다. 한 회사에서 함께 일한다고 해서 반드시 상대방을 좋아할 필요도 없고, 좋아하는 사람과 항상 함께 업무를 수행할 수도 없다. 내가 상사에게 호감이 가지 않거나 상사가 나에게 우호적이 아닌 것은 물론 안타까운 일이지만, 그 불쾌함이나 긴장감을 근무중으로 한정할 수 있도록 노력해보자.

상하관계는 업무가 목적이니 퇴근하면 종료된다. 다음 날 출근과 함께 다시 시작될지라도 퇴근과 함께 종료되는 내 삶의 한정된 영역의 한시적인 관계일 뿐이다.

상사가 어떤 사람인지 파악한다

우호적 관계를 형성하기 위해서는 상대를 아는 것이 첫걸음이다. 즉 상사의 특성, 장단점, 업무 스타일에 대해 파악해야 한다. 상대방의 특성을 파악하기 위해서는 우선 관심을 두고 행동을 관찰해야 한다. 연애할 때 우리는 이성의 마음을 얻기 위해 상대방의 언행 하나하나에 관심을 두고, 왜 그런 말을 하는지 무엇을 원하는지 등을 추론하려고 애쓴다. 사랑하는 연인 사이는 아니더라도 타인의 마음을 이해하는 원리는 크게 다르지 않다. 평소 언행을 통해 상사의 성격적 특성이나 업무 선호 스타일을 파악하면 그의 지시나 피드백의 속뜻을 더 깊이 이해할 수 있고, 맥락에 더 적절한 반응을 선택할 수 있다.

그런데 이런 권유를 하면, 일만 열심히 하면 되지 상대방의 의중을 파악하려는 노력까지 하는 것은 환심을 얻고 아부하려는 비굴

44

한 행동이 아닌가 하고 거부감을 보이기도 한다. 상대를 파악하려는 노력은 상대의 마음을 얻기 위한 것이기도 하지만, 동시에 자신의 마음을 보호하기 위한 것이기도 하다. 나의 행동에 내해서 상내가 어떤 반응을 할 것인지에 대해 예측할 수 있으면, 원치 않는 반응을 피하고 원하는 것을 얻는 것이 한결 수월하게 된다. 상대의 행동이 예상 가능하게 되면 관계에 대한 통제감이 증가하고, 긴장감을 조절할 수 있다.

주로 부딪히는 행동
혹은 문제영역을 파악한다

상사와 갈등이 주로 발생하게 되는 자신의 행동이나 문제영역을 탐색해보자. 일반적으로 아침부터 퇴근할 때까지 무슨 일을 하든 상사와 사사건건 마찰을 빚는 경우는 흔치 않다. 어떤 사람은 상사가 우유부단한 행동을 나타낼 때, 또 어떤 사람은 빈번하게 업무를 확인하고 자율적인 영역을 인정해주지 않을 때 신경이 날카로워지고 갈등이 생긴다.

　문제영역을 확인했다면 이에 미치는 자신의 영향력을 돌이켜본다. 평소에 업무 납기를 준수하지 않아 상사가 자신의 업무를 좀더 체크하는 것은 아닌지 돌아봐야 한다. 상사의 까다로운 태도가 모든 팀원에게 동일하다면 이는 상사의 특성이지만, 유독 자신과의 관계에서만 우유부단하거나 업무를 체크한다면 그것은 당신의 영향력이라고 할 수 있다.

만일 상대방의 행동을 변화시키고 싶다면, 자신의 행동을 수정하는 것이 필요하다. 관계의 변화를 기대한다면, 에너지를 투자해서 기꺼이 자신의 행동을 수정해야 한다. 그러한 투자 없이 상대가 당신이 원하는 대로 저절로 다르게 행동하고 관계가 개선되기는 어렵다.

한편으로 상사가 모든 영역에서 동일하게 행동하는지, 특정영역에서만 거슬리는 행동을 하는지도 검토해볼 수 있다. 만약 2차 상사에게 보고를 올릴 때 우유부단하다면, 상사의 우유부단한 행동은 2차 상사 간의 문제다. 상사가 유난스럽게 이번 건에 대해 더 꼼꼼하다면, 그가 이번 건에 대해 자신이 없거나 더 많은 기대를 걸고 있기 때문일 수도 있다. 이는 상사 개인의 내적 영역이다. 2차 상사와의 문제와 상사 내적인 영역, 이 2가지 모두 다른 누군가 개입할 수 있는 영역이 아니다. 이처럼 갈등이 발생하는 구체적인 영역이나 행동을 파악하게 되면 문제를 관계 전체로 일반화하는 위험을 막을 수 있다.

직장에서의 역할이
행동을 결정한다

직장에서는 조직 구조와 체계 등에 따라서 직위와 역할이 발생한다. "자리가 사람을 만든다"라는 말처럼 직위와 역할이 요구하는 모습이 개인의 가치관이나 성향보다 우세해 직위를 맡은 후에 그동안 보지 못했던 새로운 모습이 나타나기도 한다.

이해하기 어렵거나 합리적이지 못한 상사의 행동 근간에는 개인적인 특성 이외에도 그 사람이 처한 업무와 조직구조 등의 상황적 맥락이 있다. 직장생활을 하다 보면 주어진 역할 때문에 자신의 견해와는 다르게 내키지 않는 행동을 해야 할 때가 있다. 어쩌면 당신의 상사도 내적으로는 본인의 행동에 회의감을 느끼고 있을지도 모른다.

물론 이런 상사의 역할 수행과 관련된 내적인 갈등까지 이해하고 공감해야 한다는 것은 아니다. 그렇지만 조직이라는 맥락 속에서 상사의 행동을 이해하게 되면 상대에 대한 부정적인 감정의 정도는 한결 희석된다. 그도 조직의 일원인지라 행동을 선택하는 데 한계가 있음을 인지하게 되면 동질감에서 비롯되는 동료애도 있을 터이고, 온전히 본인의 자발적인 선택에서 비롯된 행동이 아니니 비난을 하는 것도 적절하지 않다고 느끼기 때문이다.

역할이 행동을 결정한다는 것을 기억하고 조직의 맥락 속에서 상사의 행동을 해석하자. 그렇게 되면 객관적 거리가 생기고, 좀더 유연하게 대처할 수 있다.

마음의 근력을 키우자

☐ 상사는 스승이 아니다. 상사의 훌륭한 인품은 옵션이다.
☐ 관계의 본질이 업무임을 기억하라. 상대방을 반드시 좋아할 필요는 없다. 업무에 필요한 정도의 관계만 유지하면 된다.
☐ 상사를 파악하라. 그의 특성, 장단점, 업무 스타일 등을 이해하라. 상대의 행동을 예상할 수 있으면 스트레스는 감소된다.
☐ 주로 부딪히게 되는 구체적인 행동 혹은 문제영역을 파악하라.
☐ 역할이 행동을 만들어낸다. 전체 맥락 속에서 이해하라.

ONE POINT LESSON

상사의 유형에 따라
대처하는 방법은 따로 있다

과제 중심형

행동 특징

- 정리정돈에 몰두하고, 완벽주의적인 태도를 보이며, 융통성과 개방성이 부족하다.
- 사소한 세부사항, 규칙, 목록, 순서, 시간계획에 집착한다.
- 일의 완수를 방해할 정도의 지나친 완벽주의가 있다.
- 지나치게 엄격하고, 높은 기준이 있다.
- 여가활동이나 즐거움을 주는 취미생활 등을 즐길 줄 모른다.

함께 지내는 법

- 원칙과 논리 중심으로 의사소통을 한다.
- 정해져 있는 시간계획보다 한 발 더 앞서 준비한다.
- 그가 신뢰할 만한 객관적인 증거를 수집한다.
- 그와 일하는 시간을 수련기간이라고 생각한다. 많은 것을 배울 수 있을 것이다.

불안형

행동 특징

- 결정을 내리는 데 시간이 오래 걸려서 일을 지연시킨다.
- 타인의 확인과 지지를 얻기 위해 노력한다. '이게 맞을까?'
- 끊임없이 요구하며 누군가가 결정해줄 것을 기대한다.
- 인간관계를 중시하고, 거절당했을 때 쉽게 상처 받는다.

함께 지내는 법

- 그와 편안하게 대화할 수 있는 분위기를 만들고, 그런 후에 업무사항 등을 천천히 이야기한다.
- 이슈에 대해 구체적인 장단점을 중심으로 이야기한다.
- 의사소통 후에는 주요사항을 정리하고, 필요한 부분은 재확인한다.
- 평소 인간적인 친분을 강화한다.

권위형

행동 특징

- 자신만만하며 때로는 거만한 태도를 보인다.
- 조직(업무)에서 자신의 중요성에 대한 확신이 있다.
- 과도한 찬사를 요구하고, 특권 의식이 있다.
- 상대방을 배려하는 면이 부족하다.

함께 지내는 법

- 철저히 준비하고, 대안을 마련한다.
- 그의 견해를 경청하고, 존경과 진지함을 표현한다.
- 맞서지 말고 우회한다. 나의 견해는 간접적으로 제시한다.
- 그의 능력을 인정해주고, 종종 그에게 조언을 구하면 관계가 더욱 부드러워진다.

단순하고 명백한 해결 방법은

상사를 통제할 수 없다는 사실을 인정하고 받아들이는 것이다.

하지만 안타깝게도 그렇게 쉬운 일이 아니다.

— 2장 —

경쟁할 것인가,
협력할 것인가?

동료관계

삭막한 직장생활의 고단함을 털어놓기에는 동년배만큼 편안한 상대도 없다. 좋은 동료를 만나면 평생의 벗이 될 수도 있다. 하지만 좋은 상사를 만나기 힘든 것처럼 좋은 동료를 만나는 것도 운이 좋아야 가능한 일이다.

동료와의 관계가 불편한 경우에는 업무상 모른 척 연을 끊고 지낼 수도 없고, 매일 얼굴을 맞대야 하니 고역이 아닐 수 없다. 동료와의 관계를 더욱 불편하게 만드는 마음의 습관들은 어떤 것일까?

동료와의 관계를 불편하게 하는
마음의 습관 3가지

직장에서 만나는 동료들은 이해관계가 얽혀 있으니 개인적
으로 어울렸던 친구들보다는 관계가 복잡하다. 배려와 협조
가 이루어진다면 더할 나위 없겠으나, 일을 함께하다보면
그렇게 되기는 어렵다. 학교에서 혹은 동네에서 어울려 놀
던 친구만큼 마음을 열기도 어려울 것이다. 적당한 거리를
두는 사회적인 관계는 긴장을 주는 것이 당연한데, 간혹 스
스로 긴장의 무게를 더하는 경우들이 있다.

지나친 경쟁심
지는 건 절대 못 참아!

동료 간 갈등에서 가장 중요한 이슈는 경쟁이다. 동료는 비슷한 시기에 입사해서 비슷한 경로를 거쳐 경력을 쌓아가는 사람이다. 자연스럽게 업무수행이나 평가 그리고 승진할 때도 동일한 후보군에 놓이기 쉽다. 중요한 업무, 좋은 점수, 상위 직급은 언제나 한정되어 있으니 그것을 얻기 위해서는 경쟁을 피할 수 없다. 누구나 경쟁에서 이기고 싶어한다.

"어제 회의에서 심 과장에게 밀렸습니다. 약이 올라서 밤에 잠이 안 오더군요. 이사님을 모시고 다음 분기 판매전략을 짜는 회의였는데, 각자 아이디어를 생각해와서 발표하는 시간이 있었습니다. 분명 제 아이디어가 더 괜찮았는데, 어떻게 분위기가 심 과장 의견 쪽으로 점점 기울어버렸습니다. 심 과장이 의기양양하는 꼴을 보니 마음이 편치 않아요. 저희 둘이 입사했을 때부터 자주 비교되어서 그런지 그 친구에게만은 지고 싶지 않습니다. 그 친구는 매번 대범한 척, 결과가 어떻게 되어도 상관없다는 식인데 그게 더 꼴 보기 싫습니다. 다음에는 무슨 수를 쓰든 심 과장을 이길 겁니다."

A씨가 심 과장에 비해 인정받지 못했다고 속상해하는 것은 당연한 일이다. 문제는 속상해하는 수준이다. 당연히 속상해할 상황을 아무렇지도 않게 넘긴다고 해서 마음이 건강하다고 볼 수는 없다. 슬퍼할 때는 슬퍼하고, 억울할 때는 억울해해도 좋다. 하지만 그 수준이 지나쳐 시간이 지나도 새록새록 생각이 나고, 앞뒤 따지지 않고 승부에 집착한다면 '내 마음이 왜 이럴까?' 하고 한 번쯤 돌이켜볼 필요가 있다. 그러한 사람이 경쟁 이슈에 특별히 더 민감하다고 볼 수 있기 때문이다.

경쟁은 인간이 태어나는 순간부터 시작되어 평생 겪는 과정이다. 형제 중 첫째라면 부모의 관심이 나누어지는 것을 견뎌야 하고, 둘째라면 이미 나보다 앞서 사랑을 받고 있는 존재가 있음을 인정해야 한다. 만약 외동이라고 할지라도 유치원이나 학교에 입학한 후에는 경쟁의 세계를 피할 수 없다. 이렇듯 일생에 걸쳐 반복되는 수많은 경쟁 속에서 항상 이긴다는 것은 불가능한 일이다. 불가능한 목표를 향해서 자신을 몰아치고 있는 것은 아닌지 돌아볼 일이다.

모든 사람은 아니지만 특별히 어떤 성향의 사람에게는 지고 싶지 않을 수도 있다. 예를 들면 A씨는 다른 동료에게는 경쟁심이 크게 드러나지 않는데, 유독 심 과장에게 뒤처지는 것만은 참을 수가 없다. 이런 경우라면 심 과장의 특성 혹은 둘 사이에 있었던 사건들을 돌이켜보면서 어떤 것이 내 안의 경쟁심리를 자극하고 있는지 되짚어본다. 심 과장을 떠올리면 연상되는 다른 인물들, 즉 내 안에서 심 과장과 비슷하게 여겨지는 인물들을 연상해보는 것도 도움이 된다.

'심 과장처럼 ○○한 사람에게는 절대로 지고 싶지 않아!'라는 마음을 발견했다면, 심 과장과 경쟁하는 것이 아니라 당신 안의 그 마음과 싸우고 있는 것이다. 경쟁에 좀더 초연해질 수 있는 길은 상대방이나 결과에 달린 것이 아니라 당신의 마음속에 있다.

모두 공평하게
대우받아야 한다는 생각

두 번째로 탐색할 마음의 습관은 공평함에 대한 태도다.

"요즘 계속 야근입니다. 프로젝트 납기가 빠듯해서 매일 밤을 새워야 할 판이거든요. 그런데 얌체 같은 윤 대리는 저녁에 대학원을 다닌다며 야근을 빠지고 오늘 일찍 퇴근했습니다. 어쨌든 대학원을 다니는 건 개인 사정 아닙니까? 누구는 자기계발 안 하고 싶습니까? 일찍 가는 걸 용인하는 부장님도 이해할 수가 없습니다. 바쁠 때는 개인 사정은 뒤로하고 일단 업무에 몰입해야 한다고 생각합니다. 결국 윤 대리 몫까지 제가 하고 있다고 생각하니 억울해 죽겠습니다. 이건 공평하지가 않습니다. 이렇게 해서 프로젝트가 성공하면 윤 대리도 팀원이라고 같이 칭찬을 들을 거 아 닙니까? 윤 대리도 염치가 없고 부장님도 불공평한 것 같아 화가 납니다."

B씨의 분노는 불공평함에서 비롯되었다. 윤 대리만 개인 사정 으로 인한 편의를 봐주는 것 같으니 분노하는 게 당연하다. 공정해 야 한다는 데 이의를 제기할 사람은 없다.

그런데 당연해 보이는 진리가 내 마음의 갈등을 만들어내는 이 슈가 될 때가 있다. 지나치게 엄격하고 경직된 방식으로 접근하는 경우다. 현실적으로 업무 과정에서부터 결과까지 자로 잰 듯이 정 확하게 공평하기란 매우 어려운 일이다. 목표에 기여하는 양과 질 을 모두 따져 정확하게 측정하기 어려우니 말이다.

또한 한 번의 프로젝트로 끝나는 것이 아니고, 더 길게 보면 직 장생활이 그 부서에서 끝나는 것도 아니니 어느 정도의 기간을 놓 고서 공평했는지를 가늠해볼 것인지도 문제다. 어쩌면 윤 대리가 다음 프로젝트에서는 더 많은 양의 업무나 더 까다로운 업무를 해 야 할 수도 있고, 이번 팀에서는 개인 사정으로 혼자 야근에서 제 외되었지만 다음 팀에서는 그러지 않을 수도 있다.

무엇보다도 회사란 곳은 항상 공정하고 합리적으로 돌아가지 않 는다는 점을 알아야 한다. 공정함을 지향하면서도 항상 그럴 수 없

다는 것을 인정하지 않고 경직된 방식으로 원칙을 적용하면 분개
할 일이 많아진다.

난 너처럼
절대로 아부 안 해!

동료와의 갈등을 만드는 세 번째 이슈는 권력을 향한 태도다. 동료
가 상사에게 싹싹하고 살갑게 굴 때, 상사의 기분을 적극적으로 맞
추려고 노력하는 것을 볼 때 우리는 흔히 그를 "아부한다"라고 비
난한다.

　물론 정당한 방법으로 자신의 역량을 계발하는 것은 뒷전으로
미루어놓고 아첨과 아부로 인정을 받으려고 한다면 바람직하지 않
다. 그런데 권위적 인물과 좋은 관계를 유지하는 모든 동료에게 냉
소적이고 반감을 보이는 경우가 있다. 비리를 지시받고 따라야 하
는 것과 같이 가치관이 걸린 중대한 상황이 아니라면, 조직에서 독
야청청할 수는 없다. 이런 경우 권력과 관계를 맺는 방식에 대한
자신의 태도를 다시 한 번 되짚어볼 필요가 있다. 권력에 대한 태
도 중에서 청렴함과 소극성을 동일한 것으로 혼동하고 있는 것은
아닌지 생각해보자.

"이번에 박 과장과 함께 부장님을 모시고 동남아 출장을 가게 되어서 걱정입니다. 박 과장 그 친구, 소문난 아부의 달인이거든요. 윗사람들은 _ 친구가 싹싹하다고 하지만 제가 보기엔 배알도 없는 놈입니다. 일만 열심히 하면 되는 거지, 부장님한테 아양은 왜 떤답니까? 남자가 볼썽사납게 말이죠. 실력으로 따지자면 저보다 더 나을 것도 없는 놈인데, 상사들이 예뻐해서 더 좋은 업무를 배정받고 출장도 여러 번 수행했어요. 유럽 출장은 박 과장이 가고, 동남아 출장은 내가 가나 싶어 약간 서운하던 참인데, 박 과장은 이번에도 따라간다는군요. 같이 가서 박 과장 살랑거리는 꼴을 아니꼬워서 어떻게 볼지 벌써부터 마음이 갑갑해집니다."

상사의 입장에서 비슷한 능력의 팀원이라면 대하기 편안한 직원을 선호하는 것은 당연하다. 싹싹한 박 과장이 무뚝뚝하고 표정이 뚱한 직원보다 의사소통하기가 편할 것이고, 편안한 사람과 함께 일하고 싶은 마음은 누구나 마찬가지이기 때문이다.

주인공이 말한 것처럼 실력으로 따져서 차이가 없다면 당연히 상사는 싹싹한 박 과장과 일하고 싶어할 것이다. 그러니 박 과장을 살랑거리는 것으로 인정을 받은 아니꼬운 사람이라고 볼 것만은 아니다. 박 과장의 방식이 마음에 들지 않는다면 상사와 자신만의 의사소통 기술을 개발하거나 다른 사람과는 차별화된 업무능력을 배양하는 것이 합리적이다.

주관을 모두 버리고 권한이 있는 자의 비위만 맞추려고 하는 것도, 권력자와 친밀한 관계를 형성하는 것은 비굴한 짓이라고 생각하는 것도 피해야 할 양극단이다. 자신이 어떤 극단에 있는지, 자신을 한쪽 극단에 놓고 다른 모든 동료를 반대 극단으로 치부해 갈등을 일으키는 것은 아닌지 한 번쯤 돌아볼 일이다.

마음의 습관을 점검해보자

- [ ] 경쟁에 지나치게 민감한 것은 아닌지 돌이켜본다.
- [ ] 공정함에 대해 엄격하고 경직된 기준이 있는 것은 아닌지 생각해본다.
- [ ] 상사에게 아첨하는 것과 자신을 알리는 것은 다르다. 어설픈 선비정신을 고집하는 것은 아닌지 돌이켜본다.

동료와
잘 지내는 법

동료는 가족보다도 더 오랜 시간을 함께 보내는 사람들이
다. 비슷한 시기에 입사해 비슷한 경험을 겪으면서, 동일한
조직 분위기에서 일을 하니 서로 이해할 수 있는 부분이 많
다. 그래서 회사동료가 평생 친구로 이어지는 경우가 많다.
평생 동지일 수 있는 동료관계에서 내 마음을 어떻게 다스
려야 갈등 상황에 현명하게 대처해갈 수 있을까?

장기적인 목표를 세우고
그것에 충실하자

동료 간에 갈등이 생기는 주요 이슈가 경쟁심 때문이라면, 타인과 비교할 것이 아니라 좀더 장기적인 관점에서 자신의 목표에 주목하는 것이 필요하다. 경쟁은 그 자체로서 목적이 아니다. 지나친 경쟁은 진정으로 원하는 목표를 달성하는 과정을 저해할지도 모르기 때문에 문제가 되는 것이다. 당신이 궁극적으로 원하는 것이 무엇인지를 주목하면, 갈등에서 조금 더 객관적인 거리를 유지할 수 있게 된다.

앞서 제시된 3가지 사례를 예로 들자면 주인공들에게 심 과장을 이기는 것, 윤 대리도 똑같이 야근하게 하는 것, 박 과장과 동일한 업무 배정을 받는 것이 직장생활의 목표일 리는 없다. 그들이 원하는 것은 자신의 우수한 능력을 입증하거나, 성실한 태도로 성과에 기여하고 있음을 인정받는 것일 수 있다.

좀더 크게 보면 직장생활에서 빨리 승진하는 것, 더 높은 연봉을 받는 것, 좋은 평판으로 안정적인 직장생활을 유지하는 것 등이 장기적인 관점에서 경력의 목표다.

이러한 목표 관리 차원에서 보면, 경쟁자의 부족한 점을 비난하거나 우월한 점을 부러워하는 것보다 자신의 강점을 개발하는 것이 더 효율적이다.

더구나 경쟁적인 태도는 상대방을 자극해서 갈등을 악화시키기 쉽다. 동료와의 갈등관계가 궁극적으로 자신이 원하는 목표에 도움이 될 수 있는지도 고려해보자. 경쟁구도가 자기계발의 동기를 자극한다고들 말한다. 경쟁이 선순환을 이끌어내는 좋은 자극제가 되기 위해서는 자신의 장기적인 목표를 잊지 않고 그 맥락에서 통합하는 것이 중요하다.

동병상련의 마음으로
동료를 이해하자

동료관계에서는 상사와 다른 공감대가 있다. 비슷한 직급에서 업무를 수행하다 보면 느끼는 애환이 서로 유사할 수 있고, 동일한 상사 밑에서 일한다면 상사에게 느끼는 불만도 유사할 것이다. 그러므로 동료는 적이 아니다. 적이 아닌 동지가 되려면 이러한 동질적인 요소를 찾아 공감대를 형성하고 애환을 나누는 것이 필요하다.

상사의 과다한 요구, 빠듯한 월급 등은 직장에서 동년배끼리 나눌 수 있는 공통된 애환이다. 동일한 상사 밑에 있고, 엇비슷한 수준의 연봉을 받고 있을 테니 말이다. 형제들이 어린 시절에는 아웅

다웅 싸우지만, 자라서는 서로를 가장 잘 이해하는 좋은 친구가 되는 것은 비슷한 연령에 비슷한 경험을 하면서 성장해왔기 때문이다. 동료도 마찬가지다. 서로 공통되는 요소에 주목하고 이를 나누면서 친밀감을 쌓아갈 때, 나중에는 자신의 경력을 가장 잘 이해하는 친구 중의 하나가 될 수 있다.

갈등이 있는 동료라도, 동일한 회사와 부서에서 관련된 업무를 하다 보면 동질감을 느낄 만한 요소는 반드시 있기 마련이다. 자신과 차별화된 점보다는 공감대를 형성할 수 있는 공통적인 요소에 중점을 두고 상대를 바라보자.

갈등 때문에 힘들다면
내 탓도 있음을 인정하자

모든 대인관계와 마찬가지로 동료 간의 갈등 역시 상호작용이다. 더구나 그 상대가 다른 직원들과는 원만한 관계를 유지하는데 유독 당신과의 관계만 껄끄럽다면 갈등에 기여하는 자신의 영향력에 주목할 필요가 있다.

우선 상대방의 행동에 부여하는 의미나 해석이 관계에 영향을 미칠 수 있다. 동일한 상황에 놓여도 어떤 사람은 분노하지만 어떤 사람은 개의치 않는다. 이렇게 태도가 다를 수 있는 건 각기 다른 해석을 하고 있기 때문이다.

예컨대 두 번째 사례의 윤 대리를 보고 '자신의 이익을 위해 팀원들을 모른 척하는구나'라고 생각하면 그의 이기심이 보이겠지만, '매번 팀원들 눈치를 보고 비난을 받으면서도 공부하고 싶어하는구나'라고 해석한다면 학업에 대한 그의 열망이 보인다. 전자라면 윤 대리에게 호의적인 태도를 보이지 못했을 것이고, 이에 윤대리도 편안한 낯으로 주인공을 대하지 않았을 것이다. 후자라면 중립적인 태도였거나 높은 지적 열망에 호의를 표했을 것이고, 이에 윤 대리는 일찍 퇴근하는 데 더욱 미안함을 표현했을 것이다.

때로는 자신의 어떤 특성이 상대방을 자극할 수도 있다. 경쟁심이 지나친 첫 번째 사례의 주인공은 심 과장을 자극해 그를 더 경쟁적으로 만들었을 수도 있다. 박 과장이 아부한다고 비난하지만 사실 사례의 주인공이 지나치게 퉁명스럽고 까칠한 덕분에 상사와 관계가 원만하지 않아 분위기를 부드럽게 하기 위해서 박 과장이 더욱 싹싹해졌을지도 모른다.

자신의 영향력을 인정한다면 그 영향력을 지속할 것인지 혹은 변화시킬 것인지, 변화시킨다면 어디서부터 어떻게 변화를 꾀할 것인지를 결정할 수 있다. 변화가 성공하느냐 마느냐에 관계없이 당신이 그 영향력을 인정하는 것만으로도 갈등은 악화되지 않을 수 있다.

구체적인 행동을 중심으로
갈등에 접근하자

갈등을 다루는 데 내 마음을 다스리는 것만으로 충분하지 않을 때가 있다. 만약 그 상대가 상사가 아니라 동료일 때에는 직접적으로 논의하기도 더 쉽다. 이러한 상황에서 기억할 점은 상대방의 태도나 성격적인 특성이 아니라 구체적이고 변화가 가능한 행동 중심으로 접근해야 한다는 것이다. 상대방의 인격이나 전반적 태도를 문제삼으면 감정적인 싸움으로 발전하기 쉽다.

예컨대 두 번째 사례의 윤 대리에게 "당신은 이기적이야. 다른 사람 일하는 것도 안 보여?"라고 하는 것은 갈등을 다루는 데 아무런 도움이 되지 않는다. 어떤 사람이 이기적이라는 평가를 듣고 이성적으로 이야기를 이어갈 수 있겠는가?

세 번째 사례의 박 과장에게 "자네는 왜 그렇게 비굴하게 살아? 상사한테 살랑거리는 꼴을 보고 있기 힘들군"이라고 한다면 그의 반응은 어떨까? '비굴'이나 '살랑거린다'라는 것은 모두 주관적인 판단과 해석을 포함한 표현들이다. 그 대신에 "자네는 부장님 식성까지 다 기억하고 주문하는군"처럼 주관적인 판단을 불러일으킨 객관적인 행동을 언급하는 편이 모호한 감정 싸움을 막는 데 도움이 된다.

이와 아울러 상대방에게 자신이 원하는 바를 명확하게 이야기할 수 있다면 의사소통은 좀더 분명해진다. "대학원에 가지 않는 날에는 좀더 업무를 했으면 좋겠다"라거나 "야근하는 동료를 위해 감사와 미안함의 표현을 해달라"는 등 원하는 바를 말한다면, 문제 행동만을 언급하는 것보다는 갈등을 해결하는 데 더 도움이 될 것이다.

동료의 성격을 바꾸려는 시도는 무모할 뿐이다

이런저런 방법으로도 관계가 호전되지 않는 경우가 있다. 상대가 나만이 아니라 많은 동료들과 갈등이 있고, 이것이 계속 반복되고 있다면 그가 성격적으로 혹은 대인관계를 맺는 방식에서 문제가 있는 경우일 수 있다. 만약 그의 성격을 변화시키고 개선해 나와의 관계만은 우호적인 것으로 만들어보겠다고 애를 쓰고 있다면, 당신이 기울이고 있는 노력은 직장동료의 몫이 아니다.

개인적인 호감에서 비롯되어 괴팍한 동료를 원만하게 만들어보겠다고 나설 수는 있다. 단, 그것은 직장에서 만난 동료관계를 뛰어넘는 매우 사적인 친분에서 이루어지는 노력인 것이다. 성격을 변화시킨다는 것은 상담자나 심리치료자 등의 전문가가 오랜 시간과 노력을 기울여서 이루어내는 과정이다. 업무를 함께하는 동료가 이루어내기에는 결코 쉽지 않은 일이다.

때로는 불편한 관계를 있는 그대로 인정하고 그 긴장감을 견디는 것도 업무를 목적으로 만난 직장생활에서 필요할 수 있다. 그럼에도 그와의 관계를 개선하려는 노력을 지속하고 싶다면, 그 욕구를 다시 점검해봐야 한다. '모든 관계는 다 우호적이어야 한다'라는 믿음이나 상대방을 내가 바람직하다고 생각하는 대로 변화시키고자 하는 마음에서 비롯된 것은 아닌지 돌이켜봐야 하는 것이다.

마음의 근력을 키우자

- ☐ 장기적인 경력 목표에 집중한다. 경쟁 자체가 당신의 목적이 아님을 기억한다.
- ☐ 동료와의 동질적 요소에 주목한다. 공통적인 요소가 많은 것이 동료다. 공통점을 많이 발견할수록 상호 이해가 깊어지고, 친밀감이 형성되기 쉽다.
- ☐ 갈등에 미치는 당신의 영향력을 인정한다. 모든 대인관계는 상호작용이다.
- ☐ 갈등 상황에서 문제가 되는 구체적인 행동을 지적한다. 상대방의 인격 혹은 전반적인 태도를 문제삼으면 감정적인 싸움으로 발전하기 쉽다.
- ☐ 동료의 성격이 원만하지 않을 수도 있지만, 그 개선은 동료인 당신이 할 몫이 아니다.

갈등을 일으키는 동료, 유형에 따라 이렇게 대처하라

독불장군형

특징

- 남의 말을 듣지 않고 자기 고집대로만 행동한다.
- 본인의 능력에 대해 확신한다.
- 인정에 대한 욕구, 지배욕구가 상당히 크다.

대처 방안

- 강하게 나갈수록 상대는 더욱 강해지고, 아집을 보이기 쉽다.
- 장점을 칭찬해 자신과 적대적 관계가 아님을 보여준다. 칭찬으로 부드럽게 다가간다.
- 반드시 문제를 지적해야 한다면, 구체적이고 표면적으로 드러나는 객관적인 사실을 중심으로 이야기한다.
- 감정이 고조되어 강하게 자기주장을 할 때는 잠시 피하는 것이 낫다.
- 이들이 격앙되어 한 이야기에 상처 받지 않도록 유의한다. 이들의 이야기에 큰 의미를 두지 않는다.

확성기형

특징

- 뒷담화를 즐긴다.
- 나와 있었던 일을 각색해 여러 곳에 퍼트린다.

- 성격이 원만해 보이지만 오래 지속되는 관계가 드물다.

대처 방안

- 관계가 피상적임을 인지하고, 상호작용의 수준을 맞춘다.
- 소문에 대범해진다. 가십거리는 시간이 지나면 언젠가 사그라진다.
- 말을 옮기는 행동에 의도가 있을 것이라고 지레짐작하지 않는다. 대부분의 경우 단순히 흥미를 위한 것이다.

얌체형

특징

- 직장생활을 즐기는 것처럼 보이며 스트레스를 적게 받는다.
- 딱히 상사나 회사에 인정받고 싶은 마음이 없는 만큼, 공을 들여서 일하고 싶은 마음도 없다.
- 생색나지 않는 일은 요리조리 잘 빠져나가며 말로 때운다.

대처 방안

- 각자 직장에 대해 부여하는 의미가 다르고, 직장생활 방식도 다름을 인정한다.
- 쉽게 직장생활을 한다고 부러워하지는 않는지 돌이켜본다. 경력을 장기적인 시각으로 바라볼 때, 불성실함은 누구보다도 개인의 발전을 저해한다.

- 업무 경계와 책임에 대해 명료하게 의사소통한다.
- 갈등이 있을 경우, 가능하면 즉각적으로 논의하고 단순화시켜서 다루는 편이 낫다. 이들은 복잡하게 생각하는 것을 불편해하고, 마음속에 오래 담아두는 편이 아니기 때문이다.

아부형

특징

- 눈치가 빠르다.
- 권력의 이동에 민감하고, 주어진 환경에서 누구와 관계가 좋아야 하는지 판단을 잘한다.
- 동료보다는 상사의 인정을 갈망하고, 눈에 보이는 성과에 집착한다.

대처 방안

- 각자의 인생 방식을 인정한다. 모든 사람이 각자의 생활방식을 택하기까지는 그럴 만한 이유가 있음을 기억한다.
- 상사와의 관계를 잘 풀어나가는 그의 능력을 인정한다.
- 갈등이 있을 경우, 동료가 중요하다고 생각하는 순위에 따라 설득한다.

3장

성에 대한
고정관념부터 버리자

ⵔ

이성동료와의 관계

세상의 반은 남성과 여성이고, 직장에서도 함께 어울려 일한다. 연애는 잘해도 업무상 만나는 이성과는 원만하지 못한 사람이 있는가 하면, 동료로서 보면 훌륭한데 이성으로서는 원만하지 못한 경우도 있다.

특히 여성동료와의 갈등은 조직 내에서 여성이 어느 정도의 비율을 차지하고 있는지, 여성이 입사한 역사가 얼마나 되는지에 따라 다른 모습으로 나타날 수 있다. 여성과 일해본 경험이 적다면, 여성 동료와 함께 일한다는 것이 새롭지만 긴장감을 일으키게 된다. 이전에 여성동료와 일하면서 부정적인 경험이 있었다면 이후 관계에서 부정적인 기대로 인해 갈등을 일으킬 소지가 크다.

이성동료와의 갈등을 키우는
마음의 습관 3가지

⚡

구성원이 다양해지면 관계 관리에서 고려해야 할 부분이 좀
더 복잡해지는 것 같다. 대표적인 다양성 요인이 성별이기
는 하지만, 단지 성별만은 아닐 것이다. 성별뿐만 아니라 개
인적 성향, 선호와 가치관 등 각자의 개성을 존중하고 인정
하는 자세가 중요한 시대다. 어떤 회사를 가더라도 성별이
든 성향이든 다양해진 구성원을 만나게 되기 때문이다. 남
녀 이슈에 대한 관점을 점검하면서 다양성을 바라보는 습
관까지 점검해보자.

부드러워야 여자,
씩씩한 게 남자!

이성(異性)인 직장동료와의 갈등에 대해 내 마음을 탐색해야 할 첫 번째 이슈는 성별에 대한 고정관념이다. 고정관념이란 대상의 전형적인 특징에 대한 믿음을 말한다. 남자는 남자답고, 여자는 여자다워야 한다는 것은 각 성별에 대한 고정관념을 반영하는 말이다.

어릴 때부터 습득되어온 성별에 대한 고정관념은 자신의 행동을 통제할 뿐 아니라, 다른 사람의 행동도 성별에 근거해 판단하게 만든다. 남성에 대한 전형적인 고정관념은 강인하고 용감하며 씩씩하다는 것이고, 여성에 대한 전형적인 고정관념은 부드럽고 배려심 있으며 연약하다는 것이다. 고정관념에 부합되지 않는 사람을 만나면 그들의 행동이 눈에 거슬리고, 부정적인 선입견을 가지기 쉽다.

물론 최근에는 성별에 대한 고정관념이 유연해져서 부드러운 남성, 강한 여성에 대해서도 호감을 표시하는 경우가 많지만 직종이나 조직문화가 보수적이라면 사회적인 변화가 반영되기까지는 많은 시간이 소요된다.

"요즘 일하는 게 짜증이 납니다. 업무상 우리 부서 김 과장과 함께 할

78

일이 많은데 성질이 어쩌나 깐깐한지 힘듭니다. 무슨 여자가 목청도 크고 남자한테 지지를 않으려고 해요. 나긋나긋 부드럽게 얘기하면 듣기도 좋고 보기도 좋을 텐데 말이죠. 그러니까 시집을 못 갔지 하는 말이 불쑥 나올 뻔하는 걸 몇 번이나 참았는지 모릅니다. 여자가 나긋나긋 얘기하면 일도 더 쉽게 풀릴 것 같은데 말이죠. 마치 잡아먹을 것처럼 사납기는…. 이 업무가 얼른 끝나버렸으면 좋겠습니다."

A씨가 말하는 김 과장에 대한 부정적 감정에는 '노처녀'라는 집단에 대한 편견과 전형적인 여성상에서 어긋나는 그녀의 행동이 중요한 역할을 한다. 고정관념에서 벗어나는 행동을 하면 부정적 태도를 취하기 쉽다. 나의 부정적인 태도는 상대방의 부정적인 반응을 이끌어내어 악순환이 반복된다.

여성동료 혹은 여성인 선후배와 갈등이 잦다면 성별에 대한 자신의 고정관념에 대해서 다시 한 번 돌이켜보는 것이 좋다. 특히 보수적이고 남녀에 대한 역할 경계가 분명한 고정된 가정 환경에서 성장했다면, 직장에서 만나는 여성에 대해서 어머니나 누나 혹은 아내로부터 기대했던 행동 특성을 기대하는 경향이 있다. 성 역할에 대해 좀더 개방적이고 유연한 고정관념을 지니고 있을 때, 이성동료의 행동을 수용하는 폭이 좀더 넓어지고 객관적인 태도를 유지할 수 있다.

여자라서
그런 거야!

이성동료와의 갈등에 대해 탐색해야 할 내 안의 두 번째 이슈는 이성동료의 행동 원인을 성별 탓으로 돌리는 경향이다.

"여자 후배와 함께 일하는 게 피곤합니다. 남자 후배는 업무를 주면 일단 "네" 하고 대답하고 자리로 가거든요. 그런데 여자 후배는 시시콜콜 물어보는 게 많아요. 뭘 그렇게 따지는지…. 여자들은 왜 그러죠? 우선 혼자서 시작해보라고 하면, 왜 안 가르쳐 주려고 하냐고 서운하다면서 삐치더군요. 여자들은 지나치게 의존적인 것 같습니다."

B씨는 질문을 많이 하는 후배의 행동을 여성의 전형적인 행동이라고 생각해버리고, 다른 부정적인 특성으로 일반화하고 있다. 원인을 분석하려는 경향은 사람의 자연스러운 인지과정이지만, 이때 얼마나 다양한 대안을 고려할 수 있는가에 따라 갈등 양상은 크게 달라진다. 갈등의 원인을 여자라서 혹은 남자라서 그렇다고 여기게 되면 상대의 성별을 바꿀 수는 없으니 상황을 개선시킬 수 있는 여지가 사라지는 셈이다.

이성동료와 갈등이 반복된다면 자신이 그녀(그)의 행동을 해석할 때 혹시 상대의 행동을 성별 특정적인 것으로 반복해 해석하고 있는 것은 아닌지 생각해보자. 여자라서 혹은 남자라서 그럴 수도 있지만, 너 나양한 나른 변인들이 상대방의 행동을 결정할 수도 있다.

불편한 건 싫어, 익숙한 게 좋아!

이성동료와의 갈등에 대해서 내 안을 탐색할 마지막 이슈는 익숙함에 대한 선호, 즉 불편함에 대한 회피다.

"부서에 여직원이 경력직으로 입사를 했습니다. 그런데 저는 지금까지 초등학교 졸업한 이후에는 여자와 동료로 만나본 적이 없습니다. 사귀는 여자 아니면 가족이었지, 여자랑 일을 해본 경험이 없다는 말이죠. 공대 출신이라 학교 다닐 때 과에 여자가 적었고, 직장에 들어와서도 여자동료는 없었습니다. 남자 후배는 말도 편하게 하고, 저녁에 소주 한 잔 하면서 일과중에 쌓인 것도 풀어주고 업무도 가르쳐주고 할 수 있지만, 여자한테는 조심스럽습니다. 업무하기에도 바쁜데 이런 자질구레한 것까지 신경을 쓰는 게 귀찮습니다."

C씨처럼 이성과 함께 일을 해본 적이 없는 사람은 어색할 수 있다. 업무 초기부터 동성끼리 일하는 것에 익숙해져 있다가 뒤늦게 변화해야 한다면 불편한 상황으로 여겨진다.

누구나 익숙한 것이 좋고, 새로운 것은 불편하니 피하고 싶어한다. 이성동료와의 업무도 마찬가지다. 불편한 상황에 놓이게 되면 사람이 긴장하게 되고, 긴장을 하면 사소한 자극에도 과민하게 반응하거나 효율적인 대응을 하지 못하기 쉽다. 상대방에 대해서 구체적인 불만보다는 그저 불편함을 최소화하고 싶은 마음이 이성 동료와의 관계를 원만하지 못하게 만들 수 있다.

마음의 습관을 점검해보자

☐ 자신의 성별에 대한 고정관념이 얼마나 유연하고 개방적인지 돌아본다.
☐ 상대방의 행동의 원인을 성별 고정관념에 근거한 선입견에 따라 판단하고 있는 것은 아닌지 생각해본다.
☐ 익숙함에 대한 선호로 새로운 변화에 적응하는 것을 회피하고 있는 것은 아닌지 살펴본다.

이성동료와
잘 지내는 법

⚡

직장에서 일어나는 남녀동료 간의 갈등은 남녀 간의 차이에 대한 이해 부족보다는 그 차이에 대한 지나친 집중에서 비롯되는 경우가 더 많다. 차이에 대한 이해는 사적인 이성 관계를 원만하게 하는 데는 도움이 되지만, 직장 이성동료와의 관계에 반드시 도움이 되는 것은 아니다. 남녀의 의사소통 방식이 다르다고들 하지만, 업무 장면에서는 의사소통 등의 행동 방식 기준들이 성별에 관계없이 비교적 분명하기 때문이다.

상대방을 남녀 이전에 동료로서 대하라

동성동료와는 원만한 관계를 유지하면서 유독 이성동료와 관계가 원만하지 않은 사례를 보면, 이성에 대한 사적인 갈등이나 감정이 투영되는 경우가 많다. 예를 들면 아내의 잔소리 때문에 다툼이 많은 사람이 여성동료의 꼼꼼한 질문에 "왜 우리 와이프처럼 그러는 거야?"라면서 과민하게 반응하는 경우다. 노처녀 김 과장에 대한 강한 반감을 드러내는 첫 번째 사례의 주인공처럼 자신의 사적인 이성관이 투영되기도 한다.

그러나 이성관계로 만난 것이 아니라 동료관계로 만난 것임을 기억할 필요가 있다. 애인이나 부인에게 요구할 만한, 업무와는 전혀 관련 없는 행동이나 태도를 바라고 있는 것은 아닌지 자신을 돌아볼 일이다.

"저는 카리스마 있는 남자가 좋은데, 저희 부장님은 샌님 같아서 싫어요"라면서 부서장에 대한 불만이 많은 여직원, "저렇게 짙게 화장하고 다니는 여자는 별로예요"라면서 차림새를 문제삼는 관리자를 만날 때 묻게 된다. "지금 애인을 찾으십니까? 아니면 함께 일할 동료를 찾으십니까?"

성별 전체로
일반화하지 않도록 주의한다

소수 집단은 눈에 잘 띄기 때문에 공로뿐만 아니라 실수도 두드러져 보이기 마련이다. 이러한 공로나 실수는 개인이 아니라 집단 전체로 확대 평가되기 쉽다. 예를 들어 여성이 뚜렷한 성과를 올리면 그저 한 개인이 유능하다고 하기 전에 "여성이 유능하다"라고 한다. 마찬가지로 여성이 실수를 했을 때 "여자들은 저런 실수를 자주 한다"라고 평가하는 경향이 있다.

이를 개인 차원에서 보면 반대 성별인 동료와 불쾌한 경험이 있을 때, 그것을 성별 전체로 일반화시키기 쉽다. 즉 노처녀 김 과장과 업무하기 힘들었던 첫 번째 사례의 주인공은 그 이후에도 여성 동료는 비슷할 것이라고 지레 생각하고 우호적인 태도로 대하지 않는다.

여러 사람과 일을 하다 보면 마음이 잘 맞는 사람도 있고, 그러지 않은 사람도 있기 마련이다. 그런데 한 번의 부정적인 경험을 그 성별 집단 전체로 일반화시키게 되면 이후에 긍정적인 경험을 할 기회조차도 차단될 것이다.

피할 수 없는 변화를
수용하라

앞으로 여성의 사회 진출은 더욱 활발해지고, 차츰 더 다양한 직종과 직급에서 여성동료를 발견하게 될 것이다. 남녀의 구분에 대해 논하는 것은 어찌 보면 진부하게 보일 정도로 가장 기본적인 다양성 이슈다. 성별을 떠나 성적 선호 그리고 인종과 가치관 등등 매우 빠른 속도로 다양한 사람들과 어울려 일하는 환경으로 변화하고 있다.

일반적으로 소수인 집단이 수가 많아지게 되면 그 집단에 대한 편견은 자연스럽게 사라지게 될 것이다. 예컨대 여성의 숫자가 많아지게 되면, 늦은 나이까지 결혼하지 않은 경우도 이른 나이에 결혼한 경우도 있을 것이고, 시시콜콜 질문이 많은 후배도 있는 반면에 짧게 대답하고 묵묵히 일만 하는 후배도 만나게 될 것이다. 그렇게 다양한 여성과 함께 일하게 되면, 아마도 '갑자기 들어온 여직원이 불편해서 업무를 어떻게 가르쳐야 하나'라는 고민 따위는 사라지게 될 것이다.

직종이나 회사의 특성상 여직원들이 소수여서 익숙하지 않은 여성동료들과의 협업이 불편하다면 이것이 이제 피할 수 없는 변화의 과정임을 수용하는 것이 필요하다. 불편하다고 해서 이성동료를 계속 피하기만 하면 익숙해지기 더욱 어렵고, 결국 개선의 여지도 적어진다.

어싱뿐 아니라 익숙지 않은 소수인 집단을 받아들여서 일하는 것은 불편하다. 나이 차이가 많이 나는 젊은 세대와 일해야 할 때, 문화적 배경이 다른 외국인과 일해야 할 때 등 점차로 다양한 사람들과 만날 기회는 늘어나고 있다. 처음에는 다소 불편하더라도, 익숙함을 추구해서는 발전이 없음을 기억하고 변화를 받아들이는 자세가 필요하다.

마음의 근력을 키우자

- ☐ 남녀 이전에 동료로서 상대방을 대한다.
- ☐ 이성동료와 부정적 경험이 있다고 해서, 그것을 성별 전체로 일반화하지 않도록 주의한다.
- ☐ 다양성이 증가하고 있는 새로운 변화를 수용한다.

업무에서 피해야 할
남녀 간 의사소통 유형

여자라고 평가절하하기

여성의 직장생활에 대해서 부정적인 고정관념을 가지고 있는 경우, 여성동료 혹은 여성후배가 말하는 것을 평가절하하기 쉽다. 일단 부정적으로 평가하거나 이야기가 길어지면 더 듣지 않고 끊어버리거나 중간에 방해하기도 한다.

여성으로 대하기

업무 관계 이전에 여성으로 동료를 대하는 것이다. 남성으로서 지켜야 할 매너, 신사도 따위는 회의에서 필요한 것이 아니다. 어머니, 아내 혹은 여동생을 대하듯이 여성동료를 대하게 되면, 일견 존중하는 것처럼 보이지만 자칫 업무상 대화보다 사적인 잡담으로 흐르기 쉽다.

남녀 편 가르기

여성에 대해서 지나친 경쟁심을 지니고 있는 경우, 여성동료의 발언 기회를 배제하거나 참여의 기회를 제한한다. 예를 들면 회의중 발언 후에 "아차, 이건 우리 남자들끼리 있을 때 말했어야 하는 건데 미안해"라고 하는 것은 표면적으로는 예의 바른 사과인 것처럼 보이지만, 사실 남녀를 편 갈라서 함께 있는 여성동료를 배제하는 의사소통이다.

세상의 반은 남성과 여성이고, 직장에서도 함께 어울려 일한다.

연애는 잘해도 업무상 만나는 이성과는 원만하지 못한 사람이 있는가 하면,

동료로서 보면 훌륭한데 이성으로서는 원만하지 못한 경우도 있다.

4장

무례한 사람들에게
현명하게 대처하는 법

⚡

직장에서 만난 괴짜들

직장에서 인간관계로 고민하는 사례에서 공통적으로 듣는 이야기는 "상대방이 아주 '이상한' 사람"이라는 주장이다. 자신은 도무지 이해할 수 없는 괴팍한 성격의 사람인지라 잘 지내는 것이 불가능하다는 하소연이 많다. 대부분의 경우 감정이 격앙되었을 때 홧김에 하는 주장이지만, 간혹 시간이 지나고 함께 일하는 사람이 바뀌어도 계속 좋지 않은 평판을 듣는 사람이 있다.

도무지 이해할 수 없는 이들을 만났을 때는 우선 상대방의 마음을 이해하는 것이 내 마음을 다스리는 것보다 필요하다. 그들의 독특한 성격이 갈등을 일으키는 것이라면, 그들의 마음기제를 이해함으로써 부적절한 대응으로 갈등을 더욱 악화시키지 않을 수 있기 때문이다. 그들은 왜 그럴까?

직장에서 만나는
무례한 사람들

⚡

사회생활을 오래 할수록 다양한 사람을 만나게 된다. 그러다 보면 개인적인 선호 차이를 떠나서 모든 사람들이 생각하는 기준, 소위 상식적 기대를 벗어나는 사람과 함께 일을 해야 할 때도 있다. 상대방을 개선하는 것은 힘들고, 그를 피하자고 회사를 떠나는 것은 나에겐 더 큰 손해이니, 적정한 대안은 그로 인한 스트레스를 최소화하는 방법을 찾는 것이다.

무책임한
사람

"김 대리 때문에 아주 미치겠습니다. 한 달 전에 김 대리가 알아서 챙기겠다고 한 업체가 있어서 믿고 있었는데, 그 업체가 다른 회사와 이미 계약을 했답니다. 지난주에 확인했을 때만 해도 걱정하지 말라고 장담을 하길래 그러려니 했죠. 그런데 알고 보니 김 대리는 아무것도 한 게 없더군요. 회사에 크게 손실이 나게 생겼는데, 김 대리는 부장님이 애초에 저에게 맡겼던 일이라면서 이제 와서 발뺌을 합니다. 어떻게 지난주만 해도 자기가 다 책임진다고 호언장담을 한 사람이 일주일 만에 아무것도 모른다며 얼굴을 바꿀 수가 있는 거죠? 또 한 달 동안 아무런 일도 안 했으면서 계속 말만 번지르르하게 할 수 있었는지 이해가 되지 않습니다. 앞으로도 김 대리와 계속 같이 일해야 하는데 어떻게 하면 좋죠?"

　업무에서 자신의 책임을 남에게 미루거나 변덕을 부리면서 거짓말을 쉽게 하는 사람들이 있다. 눈앞의 비난을 일단 피하기 위해 즉각적인 핑계를 만들어내다보니 결과적으로는 거짓말을 하게 되는 것이다. 이러한 행동 패턴이 계속 반복되는 기저에는 일단 지금은 피하고 보자는 즉각적인 만족의 추구, 장기적인 안목의 부재가 깔려 있다.

94

김 대리는 당시에 처한 상황에서 가장 안락한 행동만을 택했다. 동료의 부탁을 거절하는 것보다는 받아들이는 것이 편했고, 동료가 업무 진척 상황을 확인해올 때도 문제없다고 말하는 것이 더 간단했을 것이다. 거래업체의 관리는 수고스러웠을 것이고, 손실에 대한 책임은 피할 수 있다면 피하는 것이 평안했을 것이다. 장기적으로 보면 김 대리의 행동은 모두 그의 경력에 보탬이 되지 않겠지만, 장기적 결과보다는 눈앞의 비난이나 수고가 그에게는 더 중요했던 것이다.

주인공은 김 대리로 인해 상황이 곤란해졌고 그에게 화가 났지만, 김 대리가 상대방을 곤경에 빠뜨리기 위해 적극적이고 의도적으로 계획한 행동은 아님을 이해하는 것이 좋다. 그의 입장에서 보자면 그저 그 순간 자신의 편안함에 충실했을 뿐인 것이다.

김 대리 같은 성향을 지닌 사람들은 성공하기가 어렵다. 하지만 다양한 사람들이 어우러지는 사회생활에서 이런 성향을 가진 사람을 접하게 되는 경우가 종종 있다.

주변 사람들은 이들로 인해 곤혹스러워하지만, 정작 본인들은 크게 불편을 느끼지 못하기 때문에 자발적으로 행동을 개선하는 경우가 드물다. 이들이 변화를 시도하기 위해서는 단기적으로 만족을 줄 만한 목표가 있어야 한다.

이기적인
사람

"저희 부장님은 완전 치사한 사람입니다. 회사에서 후배 아이디어를 빼돌려서 제 것인 것처럼 하는 사람은 드라마에만 나오는 줄 알았는데, 제가 그런 사람과 일하게 될 줄이야…. 회의에서 제가 낸 다음 분기 판촉 아이디어를 이사님 앞에서 자기 것인 양 말하더군요. 예전에 부장님 밑에서 일했던 친구가, 성과는 자기가 다 챙기고 실수한 건 팀원한테 미루어 버린다면서 덤터기 쓰지 않게 조심하라고 하더군요. 부장님은 본인 돈으로 직원들에게 점심 한 번 사는 법이 없고, 후배들 경조사 챙기는 것도 못 봤어요. 아무래도 자기 욕심만 챙기는 사람인 것 같습니다. 이런 부장과 앞으로 어떻게 일해야 할지 막막합니다."

직장생활 대인관계에서 흔히 갈등을 일으키는 두 번째 유형은 상대방의 입장을 전혀 배려하지 않는 경우다. 물론 경쟁구도인 직장에서 타인을 배려하는 데 한계가 있는 것은 사실이다. 하지만 부장처럼 단지 따뜻한 배려를 하지 않는다는 차원을 넘어, 다른 사람을 반복적으로 이용하거나 착취한다고 보이는 인물을 만날 때가 있다.

이들의 가장 큰 특징은 상대방의 입장에 대해 공감하려는 능력도 노력도 부족하다는 것이다. 긍정적인 측면에서는 성취 지향적이지만, 그것이 지나쳐 자신의 이익을 위해서 타인이 손해보는 것에는 둔감하다. 일에서는 성과를 낼 수 있지만 관계에서는 신뢰를 주지 못하기 때문에 장기적으로는 여러 가지 문제가 발생한다. 이들에게 역지사지를 가르치거나 공정한 관계의 중요성을 역설한다고 해서 단번에 변화하기는 어렵다. 이러한 성향은 그들의 어린 시절부터 축적된 많은 경험을 통해 체득한 결과일 것이다.

공감능력이 부족한 이들은 안타깝게도 다른 사람들과 함께하는 방법을 습득하지 못했다. 그렇기 때문에 다른 방법으로도 그들이 원하는 것을 얻을 수 있다는 것을 알기 위해서는 많은 시간과 전문적인 노력이 필요하다.

은근히 화나게 하는 사람

"저는 박 과장 같은 사람을 이해할 수가 없습니다. 제가 팀을 맡아 이끌어온 지 몇 년 되었지만, 정말 박 과장 같은 사람은 처음입니다. 맨날 뚱한 표정이고, 제가 무슨 지시를 하든 대답이 없어요. 닦달하면 마지못해 한다고는 하는데 기한을 맞춰서 낸 적이 없는 것 같습니다. 재촉하면 금

방 한다고 하고, 또 재촉하면 아프다고 조퇴해버리고…. 화를 내면 죄송하다면서 능청스럽게 웃는데 그 상황에서 더 화를 낼 수도 없더군요. 다른 팀으로 보내버리고 싶지만 받아주는 팀도 없고, 함께 일하려고 하니 제 속이 아주 터집니다. 이런 친구를 어떻게 끌고 가야 합니까?"

직장생활을 힘들게 하는 세 번째 유형은 시간을 끌거나 핑계를 대면서 업무를 제때 하지 않고 은근히 부아를 돋우는 유형이다. 특히 상사들이 이 유형에 대해 고충을 토로하는 경우가 많다. 대답은 하는데 실행이 따르지 않고, 문제에 직면하지는 않고 피하려고만 하니 팀을 이끌어야 하는 입장에서는 더욱 난처하기 마련이다.

업무가 달라지거나 상황이 바뀌어도 이렇게 지연하는 행동 패턴이 계속된다면 그 사람의 성향일 수 있다. 이러한 경우 상대방을 은근히 화나게 만들지만, 드러내놓고 하는 공격적인 행동은 없기 때문에 딱히 지적하기도 어렵다. 반복적으로 정해진 납기일을 어기지만 의도적으로 하는 것이 아니니 몇 차례 나무라고 난 후에는 더이상 할 말이 없다.

이들의 행동을 '감추어진 공격성'이라고 보기도 하지만 이러한 분석은 관계를 개선하는 데는 크게 도움이 되지 않는다. 오히려 그들의 주관적인 지각을 이해하는 것이 더 도움이 된다. 그들은 스스로를 그다지 훌륭하지 못하고, 해봐야 잘되지 않을 것 같다는 부정적인 결과를 기대하는 유형이다. 이렇게 부정적인 결과를 예측해 선뜻 행동을 개시하지 못하고 시간을 미루고 있느라, 시도도 해보지 않고 기힌을 이겨서 부정적인 피드백을 받게 된다. 이렇게 되면서 다시 한 번 자신이 훌륭하지 못하다는 사실을 눈앞에서 확인하는 악순환이 되풀이되는 것이다.

괴짜들의 마음 들여다보기

- ☐ 눈앞의 편안함을 따르다 보면 책임을 피하고 거짓말을 반복하게 된다.
- ☐ 상대방의 감정에 공감할 줄 모르니 누가 손해를 보든지 둔감하다.
- ☐ 부정적인 결과를 예상해 망설이고 뭉그적거리다 종종 때를 놓쳐 다른 사람을 화나게 한다.

직장에서 괴짜들과
잘 지내는 법

괴팍하고 여기저기에서 갈등과 문제를 일으키는 사람과 함께 일을 해야 할 때 이들과의 관계를 어떻게 유지해야 할까? 이때 그들이 정상인가 아닌가 하는 것은 내가 판단할 몫이 아니며, 원만한 관계를 유지하는 데 중요한 요소도 아니다. 중요한 점은 그들과의 관계가 직장생활 전반에 부정적인 영향을 미치지 않도록 하는 것이다.

성격은 개인의 긴 역사를
반영한다는 것을 잊지 말자

객관적인 기준으로 판단하면 분명히 비난받아야 할 행동이지만, 그 사람이 지나온 인생의 관점에서 보면 나름대로 이유가 있을 수 있다. 상대방의 문제가 되는 행동 패턴은 단순히 현재의 직장생활을 통해 형성된 것이 아니다.

사람은 누구나 길든 짧든 각자 살아온 개인의 역사가 있다. 어린 시절부터 지금까지 그동안 축적된 경험으로 인해 개인의 성격이 형성된다. 즉 각자의 인생을 놓고 보면 개인의 성격이라는 것은 그 당사자에게는 의미가 있고 필요했기 때문에 형성된 특성이다. 비록 지금 적응을 못하고 인간관계에 갈등을 일으킬 소지가 있다고 하더라도 말이다.

그들의 성격이 형성된 과정을 고려하고 그들의 행동을 바라보면 상대방을 이해하는 데 도움이 될 수 있다. 그 과정을 다 알 수도 없고 다 알 필요도 없지만, 적어도 나를 괴롭히려고 작정하고 하는 행동이 아님을 인지할 수 있기 때문이다.

설교하려고
하지 않는다

상대방의 행동에 문제가 있을 때는 명확하게 지적해야 한다. 또한 업무에서 책임의 경계를 나누는 것도 중요하다. 그런데 여기에서 한 발짝 더 나아가 원론적인 이야기를 반복적으로 길게 늘어놓는다면 이것은 가르침이 된다. 이런 가르침을 주는 곳은 직장이 아니라 학교다.

더구나 당신을 괴롭힌 상대방은 그 이야기를 이전에도 많이 들었을 것이다. 이전에 들었던 이야기를 반복해서 듣는 것은 개선을 위한 효과가 적을 뿐만 아니라, 이전 관계의 부정적인 감정을 떠올리게 해서 관계가 악화될 수도 있다.

앞서 말한 거래업체를 놓치게 만든 김 대리의 행동이나 업무를 지연시키는 박 과장의 행동에 대해서는 잘못된 부분을 분명하고 명확하게 이야기할 필요가 있다. 하지만 구체적인 문제 행동에 대한 논의를 넘어 사람이 지녀야 할 바람직한 태도나 책임감에 대한 논의로 확대하지 않도록 주의할 필요가 있다.

성격이 아니라
행동에 집중하자

다른 갈등관계와 마찬가지로 대화는 전반적인 개인의 성격이 아니라 상대방의 구체적인 행동에 대해서만 다루어져야 한다. 물론 상대방이 반복적으로 문제를 일으킨다면, 자연스럽게 그의 성격에 대해 논의하고 싶어질 것이다. 하지만 아무리 상대방의 성격이 괴팍해 모든 사람이 그가 문제가 있다고 동의한다 해도, 개인의 긴 역사를 반영하는 성격을 변화시킬 수는 없다. 다만 표면적으로 드러난 행동을 다루고 더 바람직한 대안 행동을 제시하는 것은 가능하다.

예를 들면 첫 번째 사례에서 김 대리의 행동은 무책임했지만, 그의 무책임보다는 한 달 동안 거래업체에 연락을 몇 번 했는지를 논의하는 것이 더 구체적이며, 감정적 개입을 조금 더 자제할 수 있다. 세 번째 사례에서도 박 과장의 게으른 태도를 꾸짖기보다는 기한을 어긴 일이 한 달에 몇 번 있었는지를 구체적으로 논의하는 것이 개인에 대한 비판을 줄이면서 문제 행동을 다룰 수 있는 방법이다.

기억해야 할 점은 그의 무책임함이나 게으름 같은 기저의 특성에 대해 다루는 것은 관계를 개선하는 데나 상대방을 변화시키는

데 크게 도움이 되지 않는다는 것이다. 상대방의 성격이 아니라 행동에 집중해야 한다.

구체적이고 명확하게 의사소통하자

3가지 사례에서 제시된 인물들과 의사소통을 할 때는 구조화된 틀 안에서 구체적이고 명료한 방식으로 이야기해야 한다. 말을 자주 바꾸거나 그 자리의 위기를 넘기기 위해 거짓말을 반복하는 사람이라면, 문서 등의 기록을 남기는 방식으로 의사소통하는 것도 좋은 방법이다. 업무를 분담할 때는 경계를 분명하게 정하고, 납기를 정할 때에는 명확한 일시를 정하는 것이다.

구체적인 의사소통 방식은 상대방의 행동을 통제하는 데 도움이 될 수 있으며, 향후에 혹시라도 문제가 생길 때 논란의 여지를 줄일 수 있다. 책임 소재를 분명히 해야 할 경우가 생길 수 있기 때문이다.

예컨대 첫 번째 사례에서 김 대리에게 거래업체를 맡아달라고 할 때에는 앞으로 일주일에 몇 차례, 어떤 방식으로 접촉할 것인지에 대해 미리 논의하고 합의해놓는 것이 필요하다. 세 번째 사례의 박 과장과는 업무를 바로 개시할 수 있도록 작은 단위로 나누어서 우선순위를 매기는 등의 구체적인 행동 계획을 논의하는 것이 조금 너 효율적이다.

원칙을 가지고
일관된 태도로 대하자

괴팍한 사람과 관계를 유지하다 보면, 이런저런 방법을 시도해보게 된다. 예를 들면 세 번째 사례에서 박 과장 때문에 속이 터지는 상사는 크게 화를 내보기도 하고, 개인적인 경험을 이야기하면서 친근하게 다가가보기도 하고, 그럼에도 불구하고 변화가 없다면 좌절감에 무력해지고 무관심해지기도 한다.

그런데 결과적으로 보면 이러한 일관적이지 못한 태도는 박 과장의 행동을 개선하는 데 아무런 도움이 되지 않는다. 박 과장의 입장에서는 자신의 행동으로 일관된 결과를 예측하기 어렵기 때문이다.

앞서 논의된 바와 같이 행동의 구체적인 기준을 정했다면, 그 기준에 따라 일관된 태도로 상대방을 대하는 것이 좋다. 친근하게 대하다가 감정적인 거리를 두게 되면, 상대방이 당신을 신뢰하지 않을 수도 있다. 그 이유가 반복되는 자신의 문제 행동으로 인한 실망감 때문일지라도, 자신에 대한 문제의식이 부족한 이들은 그것을 인식하지 못한다.

마음의 근력을 키우자

- ☐ 그들의 행동은 지금까지 살아온 인생을 반영하는 것이지, 당신을 괴롭히기 위해 지금 만들어진 것이 아니다.
- ☐ 그에게 설교하지 않는다. 이미 수도 없이 들었을 것이다.
- ☐ 그의 성격이 아니라 행동에 집중한다.
- ☐ 구체적이고 명확한 방식으로 의사소통을 하고, 증거와 기록을 남긴다.
- ☐ 원칙을 가지고 일관된 태도로 대한다.

행동의 구체적인 기준을 정했다면,

그 기준에 따라 일관된 태도로

상대방을 대하는 것이 좋다.

5장

워킹맘은
원더우먼이 아니다

⚡⚡

워킹맘 스트레스

자정이 되기 전까지 집에 돌아가야 하는 '신데렐라'처럼, 일하는 엄마들도 아이를 데리러 가기 위해 시간에 맞춰서 집에 돌아가야 한다. 자정이 지나면 모든 것이 사라지듯이, 조금이라도 시간을 넘기면 아이가 자지러지게 울고 있을 것 같은 상상에 사로잡힌다.

일과 육아, 이 2가지를 병행하면 어느 정도의 양육 스트레스는 피할 수 없다. 그렇다면 이 긴장감을 더 자극시키는 내 마음의 기제에는 어떤 것들이 있을까?

워킹맘을 잠 못 들게 하는
생각 3가지

⚡

혼자서는 아무것도 할 수 없이 24시간 돌봐주어야 하는 아가를 맞이했으니 행동이나 기준이 이전과 동일하게 유지될 수는 없다. 새로운 환경에 적응하기 위한 시간이 필요하고, 그 환경에 적합한 기준으로 조정하는 것도 해야 한다. 엄마가 되었다고 갑자기 초능력자가 되는 것은 아니니 말이다. 하물며 초능력자도 능력을 익숙하게 발휘하는 데까지 연습이 필요하다. 역할에 대한 부담을 가중시키는 마술적 기대는 피해야 건강한 워킹맘이 될 수 있을 것이다.

아이 때문에 일 못한다는 소리는
듣고 싶지 않아!

일하는 여성에게 육아가 더 큰 스트레스로 다가오는 이유 중의 하나가 육아로 인해 업무에서 뒤처지고 싶지 않다는 강한 성취 욕구 때문이다. 성취 욕구가 높을수록 육아로 인해 업무에 소홀해졌거나 이전보다 못하다는 평판을 듣는 것을 꺼려한다.

이런 여성들은 개인적인 가정사로 인해 업무에 영향을 받지 않는 것으로 보이고자 한다. 하지만 다른 개인사보다 영향을 더 많이 받을 수밖에 없는 육아는 훨씬 더 중요하고 엄마의 역할이 결정적이라는 딜레마가 존재한다. 그렇기 때문에 시간을 조정하거나 역할을 조정하는 데도 한계가 있을 수밖에 없다. 가족이 아이를 돌보는 경우 시간의 제약은 다소 덜 받을 수 있지만, 기관이나 보모에게 아이를 맡긴 경우에는 시간을 조정할 수 있는 여지도 적다.

"회사에서도 눈치가 보이고, 집에 가면 아이한테도 미안합니다. 남편과 분담한다고 해도 아이가 생긴 후로는 아무래도 야근은 어려워졌고, 부장님도 일을 줄 때 배려를 해주시는 것 같습니다. 그런데 제가 이제 과장으로 승진을 해야 할 때라서 중요한 업무를 맡아야 하거든요. 왠지 주류에서 멀어진다는 느낌이 들고, 남자 동기들보다 뒤처진다는 느낌도 듭니다. 마음 같아서는 누구보다도 열심히 일하고 싶지만, 아이를 데리러 가야 하는 시간을 체크하느라 퇴근시간만 되면 시계부터 쳐다봐야 하는 제처지가 아주 속상합니다. 아이도 잘 돌보지 못하는데 일도 잘 못하는 것 같고, 뭐 하나 제대로 하는 것 없이 엉망이 된 것 같습니다."

A씨는 승진에 대한 계획도 있고 다른 동기와의 경쟁도 신경이 쓰이는데, 그만큼 일에 몰입할 수 없다는 것에 조바심을 내고 있다. 모든 것이 엉망이 된 것 같다는 A씨의 표현처럼, 새롭게 생긴 역할을 무시하고 기존 경력계획을 그대로 고수하다 보면 혼란에 빠지게 된다. 환경이 바뀌었으니 이전 역할과 새로운 역할 간에 조정과 균형을 위해 직장생활에 대한 틀과 계획도 개편할 필요가 있다.

엄마 자격이
내게 있을까?

양육 스트레스를 가중시키는 두 번째 마음의 이슈는 엄마라는 새로운 역할에 대한 불안감이다. '내가 이 역할을 잘 해낼 수 있을까?' '내가 적합한 사람일까?' 등의 의문을 가지면 새로운 역할에 적응하는 과정이 더디어진다. 이러한 불안감이 당신의 양육 스트레스를 증폭시키고 있다면 평소에 엄마 역할에 대해 가지고 있던 고정 관념을 돌아보는 것도 필요하다. 예를 들면 엄마라는 역할에 대해 지나치게 높은 기준이 있거나 잘못된 역할로 인해 자녀가 큰 상처를 받을 것에 대한 염려가 크면, 엄마 역할에 당면했을 때 자신감을 갖지 못하고 불안해할 수 있다.

"아이를 친정에 맡기고 주말에만 보러 갑니다. 저는 모성애가 별로 없는 엄마인지 주중에는 아이가 별로 그다지 보고 싶지 않아요. 주말에는 꼭 가려고 하는데 솔직하게 말하면 가끔 피곤해서 잠만 자고 싶은 날도 있습니다. 그렇지만 아이를 보면 참 좋고 떨어질 때는 마음이 많이 아픕니다. 가끔 '나는 엄마 자격이 없는 사람이 아닌가?'라는 생각도 들고, 아이가 할머니를 더 따르는 걸 보면 소외감 같은 것도 좀 느낍니다. 나중에 아이를 데리고 오려고 하는데, 그때 제가 아이를 잘 키울 수 있을지 자신이 없습니다."

B씨처럼 많은 워킹맘이 '내가 엄마 자격이 있을까?' '내가 아이를 잘 키울 수 있을까?'라며 염려하는 경우를 종종 본다. 이는 아이를 대할 때에 실제로 어떤 결함이 있기 때문이 아니다. 다만 자신에 대한 부정적인 기대를 하면서 미리 불안해하는 것이다.

모든 새로운 역할에는 적응해가는 과정이 필요하다. 처음부터 잘하는 사람도 없고, 처음부터 잘할 수도 없다. 자신이 제대로 못할 것이라는 불안감이 자녀의 행동에 대한 과민함이나 비일관적인 태도로 이어지지 않도록 자신을 다스릴 필요가 있다.

아이에게 뭔가 잘못하고 있는 것은 아닐까?

"아들이 이제 14개월이 됐습니다. 시어머니께서 키우는데, 요즘 들어 갑자기 먹지를 않고 밤중에 깨어 자지러지게 웁니다. 어렸을 때도 그런 적이 있긴 했지만 그럴 때마다 안아주거나 업어주면 다시 잠들곤 했는데 지금은 효과가 없어요. 최근에 노리개 젖꼭지를 떼어서 그런 건가요? 다시 물려보기도 하는데 잠깐은 조용해지는 것 같다가 이내 다시 울어댑니다. 제 생각엔 심리적인 문제가 있는 것 같아요. 요즘 들어 짜증도 많아졌어요. 혹시 엄마가 없어서 우는 건 아닐까요?"

'아이의 양육을 다른 사람에게 맡김으로써 어떤 문제가 생기기 않을까?'라는 불안감, 이것이 아이에게 최선을 다하지 못했다는 죄책감으로 이어지게 되면 육아는 더 큰 스트레스로 다가온다. 언론이나 주변에서 들려주는 신뢰할 수 없는 보육시설에 대한 이야기는 이러한 불안과 죄책감을 가중시킨다.

　이러한 죄책감은 자신은 물론 아이에게도 해로운 영향을 끼칠 수 있다. 흔히 죄책감이 있는 엄마는 아이에게 일관된 훈육 태도를 보이지 못하고 지나친 허용과 엄격한 규율 사이를 오가는 경향이 있다. 아이에게 잘해주지 못한다는 미안함에 아이의 요구를 다 들어주다가도 '이러다가 아이의 버릇을 망치지 않을까?'라는 불안감이 들면 갑자기 엄격한 훈육을 시도하는 것이다. 아이의 입장에서는 이것만큼 혼란스러운 것이 없다. 잘해주지 못한다는 엄마의 미안함이 오히려 더 미안한 결과를 일으킬 수 있는 것이다.

마음의 습관을 점검해보자

☐ 아이가 생기기 이전과 똑같이 성취하고 싶다는 욕심이 자신을 더 힘들게 하고 있지 않은지 돌아보도록 한다. 새로운 역할이 생기면 그에 따른 변화가 수반되어야 한다.

☐ '엄마 역할을 잘할 수 있을까?'에 대한 불안감이 긴장감을 높이고 있는 것은 아닌지 돌아본다.

☐ 아이에게 부적절한 죄책감이 있는 것은 아닌지 돌이켜본다. 엄마의 죄책감이 아이에게 해로운 영향을 미칠 수도 있음을 주의한다.

워킹맘이 일터와 가정에서
행복한 균형을 이루는 법

⚡

인생에서 아이는 무엇보다도 소중하다. 하지만 그렇다고 직장을 퇴직하고 육아에만 전념하기에는 현실적으로 상황이 여의치 않을 수도 있다. 개인의 성취감을 차치하더라도 가정 경제를 생각해 불가피하게 일과 육아를 병행해야 하는 경우가 점차 늘어나고 있다. 아이도 직장도 내 인생에서 중요한 주제라면, 일과 육아를 병행하기 위해 내 마음을 어떻게 다스려야 할까?

내가 다 해낼 수 있다는
생각을 버리자

가사와 육아 그리고 직장생활 모두를 혼자서 다 감당할 수는 없다. 워킹맘은 말 그대로 '일하는 엄마'지 원더우먼이 아니다. 우선순위를 정하고, 중요한 일은 스스로 감당하되 그렇지 않은 일은 과감하게 아웃소싱할 필요가 있다.

P씨는 직장과 육아를 병행하면서 몸과 마음이 지칠 대로 지쳐 '이제 퇴직을 해야 하나?' 고민중이었다. 업무에 대한 능력도 인정받았고 성취욕구도 높아서 직장을 계속 다니고 싶었지만, 더이상 이런 생활을 지속할 자신이 없었다. 원래 깔끔한 성격인데 빨래는 쌓이고 집안에는 먼지가 뭉쳐서 굴러다니니 생활이 통째로 망가지는 느낌이 들었다.

사실 그녀는 근무시간중에 보모에게 아이를 맡기는 것 이외에는 거의 혼자서 모든 일을 처리하고 있었다. 남편 직장은 퇴근이 늦었고, 집안 어른들도 지방에 있어 주변의 도움을 받을 형편이 아니었다. 남편은 집안일을 도와줄 사람이라도 구하자고 했지만, 남의 손을 빌려 집안일을 하는 것은 젊은 나이에 어울리지 않는 사치인 것 같아 내키지 않았다. 퇴근과 함께 아이를 챙기고, 재우고, 자질구레한 집안일을 하고 나면 완전히 지쳐 새벽에 잠드는 것이

다반사였다.

P씨는 본인의 기준만큼 혼자 다 해낼 수 없다는 것을 인정한 후에 중요하게 생각하는 일들의 우선순위를 정했다. 상대적으로 남에게 위임해도 무방하다고 생각하는 일들은 기꺼이 도움을 받기 시작했다. 엉망이 되어가는 것 같이 느껴지던 생활이 조금씩 안정되는 것 같았고, 업무 시간에도 아이와 함께 있는 시간에도 더 몰입할 수 있게 되었다.

자신에 대한
투자가 먼저다

자신을 위한 투자를 얼마나 하고 있는지 점검해보자. 정해진 부부의 수입에 아이가 더 늘면 엄마는 자신을 위한 투자를 줄이게 된다. 사실 아이가 태어나면 자신을 위할 때보다 아이를 위할 때 더 많은 기쁨과 즐거움을 느낀다. 그렇지만 진정으로 아이의 기쁨을 염려한다면 스스로에게도 시간적으로나 재정적으로 투자할 필요가 있다.

엄마가 스트레스를 제때 관리하지 못하면 그 결과는 아이에게도 영향을 미칠 수 있다. 행복한 엄마가 아이를 행복하고 편안하게 대할 수 있다.

군이 많은 시간과 비용을 들일 필요는 없다. 주말에 남편과 시간을 나누어 한 시간만이라도 자신만의 운동시간을 갖는 것도 좋고, 가끔은 집과 직장의 쳇바퀴를 벗어나 친구들과의 모임에 다녀오는 것도 필요하다. 내향적인 편이라면 혼자만의 시간을, 외향적인 편이라면 다른 사회관계를 조금이라도 갖는 것이 일과 육아의 병행으로 인한 스트레스를 경감시키는 데 도움이 된다.

아이와 함께하는 시간, 양보다 질이 더 중요하다

아이와 함께하는 시간이 적다고 죄책감을 느낀다면 시간의 양보다 질이 더 중요하다는 연구결과를 기억하라. 아이와 함께 있을 때 적은 시간이라도 그 시간에 충분히 몰입하는 것이 더 중요하다. 그렇기 때문에 몰입을 높이기 위해 아이에 대한 죄책감을 지우는 것은 필수적이다.

함께하는 시간이 힘들고 피곤하다면, 아이와 함께하는 시간이 유한적임을 기억하는 것도 도움이 된다. 아이는 계속 자라고 있고, 조만간 엄마와 놀기보다는 또래와 보내기를 더 좋아할 것이다. 품

안에 있는 동안 신체적인 접촉을 많이 하고, 정서적인 친밀감을 높일 수 있는 활동을 함께해보자. 그래서 서로 같이 보내는 시간의 질을 높이도록 노력해야 한다.

장기적 안목으로
경력을 내다보자

'아이 때문에 내 경력이 뒤처지게 되는 것은 아닌가?'라며 불안해할 수 있다. 이러한 불안감을 다루기 위해서는 경력을 좀더 장기적인 관점에서 바라볼 필요가 있다.

육아를 담당하면서 이전과 동일한 강도로 업무에 임하는 것은 어려울 수 있다. 하지만 가족의 지원을 얻어 육아를 분담한다면 가능할 수 있다. 만일 그것이 가능하지 않다고 해도 조바심을 내며 일과 육아라는 두 역할 사이에서 혼란을 경험하는 것보다는 경력을 장기적으로 보면서 불안감을 다스리는 것이 좋다. 경력을 10년, 20년으로 놓고 볼 때 아이와 함께하는 시간으로 인해 늦춰지는 시간이 어느 정도며, 그것이 얼마만큼 영향을 미칠지 고려해보는 것이다.

어떤 여성 임원은 아이를 낳는 것을 여성의 경력계획 안에 포함

시켜 관리해야 한다고 조언한다. 적어도 생후 1~2년은 육아를 위한 시간을 투자해야 할 것이 분명하기 때문이다. 10년 혹은 20년 경력 전체로 볼 때 1~2년을 좀 천천히 간다고 해서 크게 문제될 것은 없다. 게다가 충분히 투자할 만한 가치가 있는 일이 아닌가.

당당하고 떳떳하게
모두를 대하자

일하는 엄마로서 죄책감을 가질 필요는 없다. 아이를 사랑하는 것과 죄책감을 가지는 것은 매우 다르다. 앞서 논의한 것처럼 당당하지 못하고 아이의 눈치를 보거나 죄책감에서 비롯된 비일관적인 태도는 아이를 더 혼란스럽게 만들 수 있다. 아이의 성격 형성에 비일관적인 태도는 좋지 않다.

아이에게 부모의 양육 태도는 곧 세상이 된다. 일관적이지 못한 부모의 태도는 아이가 세상을 예측하기 어렵게 만들고, 세상을 신뢰하기 어렵게 만들 수 있다.

자녀를 사랑한다면 지금 선택한 길에 대해 당당해지도록 하자. 직장과 육아를 병행하기로 선택한 데는 그럴 만한 이유가 있을 것이다. 비록 지금 선택에 아쉬운 점이 있다고 하더라도 아쉬움이 없는 선택지는 없다. 자녀가 의사소통이 가능해지는 시기에 이르면 전업주부와 취업주부의 장단점을 이야기해줄 수 있을 것이다. 모든 선택이 그렇듯이 전업주부와 워킹맘 모두 각각 나름대로 장점이 있다.

내가 선택하지 않은 기회의 장점을 부러워하기보다 내가 선택한 길의 장점에 집중해보자. 엄마 역할 이외에 사회적인 역할을 하면서 경험한 바를 자녀에게 알려줄 수 있고, 사회생활 선배로서 조언해줄 수 있다. 사회적인 성취에 대한 자신감과 당당함은 자녀에게 긍정적인 모델이 될 것이다.엄마가 선택한 길에 대한 자신감과 확신으로 안정감을 가지고 있을 때, 자녀도 심리적으로 건강하게 성장할 수 있다.

마음의 근력을 키우자

- ☐ 내가 다할 수 있다는 생각을 버린다. 워킹맘은 원더우먼이 아니다.
- ☐ 자신에게도 투자한다. 스트레스를 관리하는 것이 필요하다.
- ☐ 함께하는 시간의 양보다 질이 중요하다는 것을 기억한다.
- ☐ 경력을 장기적으로 본다. 소중한 것을 얻기 위해 경력이 다소 늦춰질 수 있지만, 장기적으로 보면 큰 문제가 아닐 수 있다.
- ☐ 당당한 마음을 갖는다. 엄마가 행복해야 아이도 행복하다.

—— 6장 ——

일터와 가정에서
모두 잘할 수는 없다

가장의 무게

남성들은 여성에 비해 서운함이나 쓸쓸함 등의 감정을 표현하는 것이 서투르다. 그뿐만 아니라 자신의 감정을 자각하고 그것을 들여다보는 것도 그리 자연스럽지 않다. 답답하다 싶으면 동료들과 술 한 잔 기울이면서 잊어버리는 것이 대부분의 남성들이 감정을 달래는 방식이다. '사는 게 다 그렇지' '원래 남자들의 인생이란 게 이런 거야' 하는 식으로 넘겨버린다.

가정에서 아버지의 역할은 무엇일까? 가부장적 권위를 주장하는 시대는 아니지만, 결혼을 하고 자녀를 낳고 가정을 꾸리게 되면 부모로서 남편으로서 책임이 생기는 것은 변함이 없다.

가장의 어깨를
더 무겁게 하는 것들

⚡

의도하지는 않았는데 어쩌다보니 가족들과의 대화가 줄어들어 쓸쓸하다는 아버지들을 종종 본다. 가족 간의 대화라는 것이 사소한 일상을 시시콜콜하게 서로 나누고 공유하는 과정이 대부분이다. 아무리 가족이라고 하더라도 표현하지 않으면 알 수가 없으니 대화가 줄어들면 공감대가 줄고, 점차 거리가 생길 수 있다. 표현하는 것을 꺼렸던 혹은 사소하게 생각했던 이유가 있었는지 돌이켜보고 마음을 가볍게 하면, 대화로 다가가는 것이 좀더 편해질 것이다.

남자는 절대
울어서는 안 된다!

"남자는 태어나서 세 번 울어야 한다"는 옛말이 있다. 남성의 감정을 억압하는 매우 비합리적인 통념이다. 감정을 표현하는 방식은 성별이나 성격에 따라서도 다를 수 있다. 그러므로 남성도 무조건 감정을 억압하는 것이 아니라 적절하게 감정을 표현하는 방법을 익힐 필요가 있다.

"주말에 아내와 아이의 교육비 때문에 또 다퉜습니다. 초등학생 아이를 또 무슨 과외에 보낸다는 거예요. 지금 하고 있는 것도 몇 개나 되는 것 같은데 또 뭘 시키느냐고 했더니, 다른 애들이 어떻게 하는지 세상 물정을 모른다면서 잔소리를 해대더군요. 애도 힘들지만 나도 힘이 듭니다. 높은 교육비에 화가 나고, 아내가 야속하기도 하고…. 결국 넉넉하게 벌지 못하는 내가 무능한 것 같아 답답합니다."

"이번에 지방으로 발령이 났는데 아이들 교육 때문에 아내가 따라갈 수 없으니 주말부부로 살자고 하더군요. 결혼 전에 자취생활을 워낙 오래해서 그런지 혼자 밥을 해먹는 게 정말 싫습니다. 생활 기반이 여기 있으니 아내도 낯선 곳에서 생활하려면 불편하고, 아이들 전학도 문제가 되기는 하죠. 아이들 교육 때문에 일부러 지방에서 서울로 올라온다는데, 지금 지방으로 전학가는 게 어렵다는 건 알겠습니다. 그런데 마음이 너무 허전하네요."

가족 간에도 서운할 때가 있다. 아무리 남자인 아버지라도 가족들에게 섭섭하고 서운할 때가 있기 마련이다. A씨는 돈 벌어오느라 고생하는 자신의 노고보다는 아이의 교육을 먼저 생각하는 아내가 원망스럽고, B씨는 떨어져 살아야 하는 불편함과 외로움보다 자신들의 편안함을 먼저 생각하는 가족들이 야속하다.

그들이 이런 감정을 느끼는 것은 당연하다. 아이의 교육도 중요하지만 아내가 경제적 부담을 져야 하는 남편인 자신을 걱정하고 미래를 함께 고민해주면 좋겠고, 지방에서 혼자 살아야 하는 남편의 마음도 헤아려주면 좋겠다.

이렇게 서운한 마음을 표현하지 못하고 억압하게 되면 자신에 대한 무력감으로 번지게 된다. '나는 가족들에게 무슨 존재일까?' '내가 못나서 그렇지'라는 자책에서 더 나아가 '나를 돈 벌어오는 기계로 밖에 취급 안 해'라는 부정적인 방향으로 비약하기도 한다.

남자도 가끔 울 수 있다. 그래도 울고 싶지 않다면 적절하게 감정을 풀어내는 방법을 알아야 한다.

일과 가정,
모두 잘해야 해!

일과 가정, 둘 다 잘해야 한다는 가장의 지나친 책임감은 부담감을 가중시킨다. 일에 매달려서 가정을 소홀히 했던 자신들의 아버지와는 다르게 살겠다고 다짐했다면 스스로에게 거는 기준과 책임은 더욱 높아진다. 어릴 적에 보았던 권위적인 아버지와는 다르게 가족들에게 자상한 아버지가 되겠다고 결심한다. 하지만 직장에 치이다보면 양자를 모두 잘해내는 것은 쉽지 않다.

"얼마 전에 부서 이동을 했는데 이곳의 업무는 프로젝트에 따라 밤을 새우더라도 납기를 맞추는 게 중요합니다. 그전에는 비교적 정해진 시간에 퇴근하고 특별한 회식이 없으면 식구들과 저녁도 같이 먹으면서 지낼 수 있었는데, 여기는 사정이 좀 다릅니다. 야근도 잦고, 회식도 더 자주 있어서 부서 이동 후 주중에는 집에서 거의 잠만 자고 나오는 편입니다. 제 경력으로 보면 이 업무가 중요하지만 가족들과 보내는 시간이 줄어드니 마음이 불편합니다. 아내는 괜찮다고 하지만 미안하고 속상합니다."

C씨는 업무가 바빠 가족의 중요한 행사에 참여하지 못하는 것이 못내 미안하고 불편하다. 2가지를 모두 잘할 수는 없다. 좋은 아

버지, 다정한 남편이 되겠다는 다짐은 반드시 결과를 통해서만 나타나는 것은 아니다. 가정을 대하는 태도에서도 드러나고, 이러한 태도로 가족들에게 자신의 마음을 전달할 수 있다. 지나친 책임감은 긴장감을 유발하고 마음을 경직되게 만들어서 가족과 함께하는 시간을 충분히 즐기지 못하게 한다.

마음의 습관을 점검해보자

- ☐ 남자는 울지 않는다는 통념에 사로잡혀 감정을 억압하고 있지 않은지 돌아본다.
- ☐ 일과 가정, 2가지 모두 잘해야 한다는 지나친 책임감을 부여하고 있는 것은 아닌지 돌아본다. 책임감이 지나치면 긴장을 유발하고, 이는 유연한 대응을 해친다.

남자로서 가장으로서
행복하게 사는 법

가족은 부담을 주기도 하지만 든든한 지원군이기도 한다. 세상이 달라지면서 가장의 역할도 달라졌다고 하지만, 여전히 가정에서 아버지의 위치와 역할은 중요하다. 가장이라는 지나친 부담감에서 벗어나 가장의 역할을 감당하면서 지나친 연민에 빠지지 않으려면 내 마음을 어떻게 다스리는 것이 좋을까?

가끔은
약해 보여도 좋다

한 집안의 가장이라고 하더라도 항상 강해야 할 필요는 없다. 다양한 감정을 공유함으로써 가족 간 이해를 높이고 친밀감을 키울 수 있다.

특히 부부 사이는 책임감으로 자신의 감정을 억압하지 말아야 한다. 그러기보다는 자신의 생각과 감정을 공유함으로써 유대감을 돈독히 하는 것이 필요하다.

그렇지만 아내에게 개인적 어려움을 표현하라고 조언하면 대부분의 남자는 불편해한다. 아내에게 시시콜콜한 이야기를 꺼내는 것이 남자답지 못해 꺼려진다는 사람도 있고, 혼자 감정을 삭힐 수 있는 부분을 이야기하면 아내가 걱정해 더 일이 커진다고 염려하는 사람도 있다.

혼자 느끼는 부담감으로 짜증을 내거나 우울해하는 것보다 그 이유를 공유하는 것이 가정의 화목에 도움이 된다. 언제나 강한 모습을 보이려고 너무 애쓰지 말자. 가끔은 약한 모습을 보여도 좋다.

부자 아빠와 좋은 아빠는
동의어가 아니다

한 가정을 꾸리기 시작할 때 누구나 부자 아빠를 꿈꾼다. 하지만 현실적인 한계를 하나씩 실감할 때마다 자신감은 낮아지며, 어깨는 더욱 무거워진다. 모두가 부자 아빠일 수는 없다. 나름대로 성실했다면 가족에게 부끄러울 것은 없다. 열심히 한다고 해서 모든 사람이 성과가 좋고 성공을 할 수는 없다. 부자 아빠가 아니어도 좋은 아빠일 수 있다.

자신이 도달할 수 없는 기준을 세우고, 그 기준에 미치지 못함을 자책하지 마라. 그러한 행동은 아무런 이득 없이 가족과 자신을 망치는 지름길이다. 내가 가족들에게 많은 것을 해줄 수 없는 것을 안타까워하는 것보다 해줄 수 있는 것에 집중하는 것이 현명하다.

자신에게
휴식을 허락하라

일과 가정 모두 다 완벽하게 꾸려가겠다는 높은 기준이 자신을 힘들게 하고 있다면, 자신만의 휴식 시간을 가지는 것이 필요하다. 또한 '왜 나는 가족들을 위해 열심히 일하는데도 내 아버지만큼 존경을 받지 못하는가?'라는 마음에 허무함과 회의감을 느낀다면 자신에게 보상을 주는 것이 필요하다.

당신은 직장인이고 한 가정의 가장이기도 하지만 한 개인이기도 하다. 나만의 시간이나 취미, 즐거움을 느낄 수 있는 활동을 하도록 노력해야 한다. 반드시 긴 시간을 투자하거나 특별한 장비가 필요한 취미일 필요는 없다. 자신에게 부여된 책임과 역할에서 벗어나 온전히 자신으로서 느끼는 심리적인 여유를 즐기면 된다. 이러한 휴식을 통해 긴장을 이완시키면서 비관적이고 부정적인 관점에서 벗어날 수 있다.

가족과 경험을 나누고 공유하자

가장으로서 책임을 져야 한다는 생각에만 집착하면 가족의 일원으로서 가족들과 경험을 공유하는 것에 소홀해지기 쉽다. 직장에서 많은 시간을 보내다보면 가족들과 보내는 시간이 그만큼 적어지는 것이다.

그런데 이런 시간이 지속되면 가장의 입장에서는 가족을 위해서 고군분투하고 있는 것이지만, 가족들은 아버지를 이해할 수 있는 절대적인 시간과 경험의 양이 부족해지게 된다. 함께한 긍정적인 경험이 수반되지 않고 의무만 남게 되면 역할의 책임감은 더 무겁게 느껴질 것이다.

가족들과 함께 보내는 시간을 가져보자. 절대적인 시간의 길이보다는 함께하는 시간의 질이 더 중요하다. 가족과 그저 대화를 나누는 것이 어색하다면 운동이나 게임 같은 구조화된 틀이 있는 경험을 함께하는 것도 좋다.

마음의 근력을 키우자

☐ 가끔은 약한 모습을 보여도 좋다. 강인한 모습을 통한 권위보다는 솔직한 모습 속에 느껴지는 다정함이 가족의 유대에 더 도움이 된다.

☐ 모두 다 부자 아빠가 될 수는 없다. 도달할 수 없는 높은 기대를 설정하고 자책하지 않는다.

☐ 자신에게 휴식을 허락한다. 직장인이나 가장 등 사회적인 역할을 벗어놓고 한 개인으로서 긴장을 이완하는 시간을 갖는다.

☐ 가족들과 경험을 공유한다. 공감대가 적으면 심리적으로 멀어져 함께하는 기쁨은 사라지고 의무만 남게 될 수도 있다.

갈등은
어디에나 있다

상사나 동료와의 인간관계, 원치 않는 업무, 적응하기 어려운 분위기 등 내적 및 외적으로 갈등이 있을 때 직장을 떠나고 싶다는 마음이 든다. 갈등상황에서 어떻게 생각하고 행동해야 할까?

얻고자 하는 것이 무엇인지 명료화해보자

마음을 들여다보면서 떠나고 싶은 이유가 무엇인지를 명료화해보자. 현재 직면하기 어려운 갈등을 피하고 싶은 마음일 수도 있고, 좀더 나에게 맞는 일을 하고 싶은 마음일 수도 있다. 떠나고 싶은 마음이 더 큰 어려움을 피하고자 하는 회피인지, 혹은 더 발전하고자 하는 성장 욕구 때문인지 점검해본다.

갈등은 내가 무엇을 좋아하고 무엇을 피하고 싶어하는지, 즉 내 선호를 자각하게 해주는 기회이기도 하다. 원치 않는 것을 피하려는 마음이 크다면, 무엇을 피하고 싶은지를 잘 알고 있어야 비슷한 상황을 비껴갈 수 있다.

갈등은 어디에나 있다는 점을 기억하자

갈등은 어디에나 있다. 못살게 구는 상사를 피할 수만 있다면 어디든지 갈 수 있을 것 같을 때가 있다. 하지만 다른 직장에서 어떤 상사를 만나게 될지는 예측할 수가 없다. 꿈꿔오던 이상형을 만나서 연애를 해도, 사귀다 보면 다툼이 생기는 것이 인간관계다. 그러니 나의 선호와는 관계없이 그저 업무로 인해 이루어진 관계가 어려운 것은 매우 당연하다.

갈등상황으로부터 완전히 자유로울 수 없다면, 갈등을 견디는 힘과 그것을 다루는 기술을 연마하는 것이 필요하다. 살아가는 동안 우리가 신체 건강을 관리하듯이, 마음도 운동을 하고 건강한 습관을 익혀야 스트레스로 인해 상처 받지 않고 건강을 유지할 수 있다.

변화를 원한다면 준비하자

새로운 변화를 원하는 마음은 자연스럽고 발전적이다. 하지만 결과가 어떨지를 확실하게 알 수는 없기 때문에 불안한 것이 사실이다. 불안을 다루는 좋은 방법은 안전하기를 바라는 비현실적 기대를 내려놓고 준비를 시작하는 것이다. 무엇을 원하는지, 그리고 원하지 않는 것이 무엇인지가 명확하고 구체적으로 탐색되었다면, 이제 무엇을 해야 하는지 우선순위를 정해보자.

자신이 도달할 수 없는 기준을 세우고,

그 기준에 미치지 못함을 자책하지 마라.

아무런 이득 없이 가족과 자신을 망치는 지름길이다.

⚡

PART 2

정글 같은 직장에서
평정심을 잃지 않는 법

감정관리

직장생활을 하는 누구나 마음의 불편함을 가지고 있기 때문에 굳이 문제삼을 일은 아니라고들 한다. 직장은 재미로 다니는 것이 아니고 사회생활이 다 그런 것이니 마음의 불편함 정도는 어른스럽게 참고 꾹 눌러가면서 지내야 한다고들 한다.

직장은 업무와 성과가 주된 목적이니 긴장감이나 불편함이 있는 것은 당연하고 피할 수 없다. 하지만 마음 굳게 먹고 '세상은 원래 이런 거야'라고 생각하며 그저 참기만 하는 것은 어려운 일이다. 근무시간 8시간, 출퇴근에 소요되는 시간과 간혹 야근까지 덧붙이고 나면 거의 하루 종일을 보내다시피 하는 곳에서 만족과 의미를 포기하고 지내야 한다면, 산다는 것이 서글프지 않겠는가.

항상 행복할 수 없다고 해서 개선에 관심을 두지 않고 마음의 불편함을 회피하거나 억누르게 되면 즐겁지 않은 시간은 점차 늘어날 것이다. 업무를 수행하고 성과를 내는 과정에서 긴장감을 피할 수는 없겠지만, 긴장에 대한 내성을 키우고 회복력을 높이는 것은 가능하다.

부정적인 감정에 덜 빠지고, 혹시 그것들이 찾아오더라도 오래 휘둘리지 않고 평정심을 회복할 수 있는 마음의 습관을 가지자. 그렇게 하면 직장생활은 좀더 편안해질 것이다.

1장

의욕 없고 무기력한
마음 때문에 힘들다면?

우울

우울은 누구나 잠시 거쳐가는 감정이다. 감기 한 번 앓아보지 않은 사람이 없듯이 우울한 마음은 누구에게나 찾아온다. 대부분의 사람은 그 마음을 참아보려 노력해보기도 하고, 동료들과 술 한 잔 하거나 뒷담화를 하면서 마음을 풀어간다. 그런데 어떤 때는 마음이 금세 나아지지 않아 오랫동안 힘들어하기도 한다.

잘못된 자세가 습관화되면 근육의 통증을 만들어내고, 균형이 깨진 식습관을 지속하면 건강을 해친다. 마찬가지로 잘못된 마음의 습관은 마음 건강을 해칠 수 있다.

우리를 우울하게 만드는
마음의 습관 3가지

직장인으로서 매일 출퇴근을 반복하면서 업무에 집중하는 것은 고된 일이다. 여기에 적절한 휴식과 긴장이완이 수반되지 않아 심리적 피로감이 누적되면 에너지가 소진된다. 이럴 때 휴식은 가장 좋은 치료책이다. 아울러 고된 업무에 피로감을 더욱 누적시키는 마음의 습관이 있다면 이 기회에 점검해서 수정해보는 것도 좋은 방법일 것이다.

업무에서
실수해서는 안 돼!

우울한 마음이 반복적이고 지속적으로 찾아온다면, 자신의 성격적인 특성에 대해 차근차근 탐색해볼 필요가 있다. 완벽주의적 성향이 있어 자신에 대해서 높은 기대가 있고, 작은 실수에 대해서도 극단적인 해석을 하는 사람은 우울한 마음에 사로잡히기 쉽다.

"요즘 밤에 잠이 잘 안 옵니다. 술을 한 잔 마시면 잠이 들기는 하는데 새벽에 자꾸 잠이 깨네요. 아침에 일어나도 피곤하고, 그래서 그런지 업무시간에 집중도 잘되지 않아요. 밤에 자려고 누우면 이번에 맡은 프로젝트가 자꾸 떠오릅니다. 혹시 예상치 못한 일이 생기면 어쩌나 염려됩니다. 만약 성과가 좋지 않으면 큰일이거든요. 꼼꼼하게 챙기고 있기는 한데, 이렇게 해도 실수가 생길까봐 조마조마합니다."

그는 업무에서 실수가 생길까봐 지나치게 긴장하고 있다. 이렇게 긴장이 지나치면 잠자는 것이 예전만큼 편안하지 않고, 집중력도 저하되기 쉽다. 만일 그가 그토록 염려하고 있는 프로젝트에서 실수가 하나라도 발생하게 되면, 그의 불안감은 강한 우울과 자책으로 바뀔 것이다.

148

업무를 꼼꼼히 하고 실수를 미연에 방지하기 위해 항상 대비해야 한다고 생각한다면, 혹시 완벽주의적 성향이 있는 것은 아닌지 자신을 돌이켜보자. 완벽은 불가능한 목표다. 일어날 수 있는 모든 가능성에 대비한다고 해도 예상하지 못한 일이 생길 수 있다. 그렇기 때문에 불가능한 기준을 두고 자신을 평가하게 되면 긴장을 풀기도 어렵고, 만족스럽기도 어렵다.

특히 직장과 같이 성과와 경쟁이 중요한 곳에서는 완벽주의적 성향이 드러나기 쉽다. 또한 그러한 성향의 사람들이 직장에서 인정받을 가능성도 많다. 실수에 대해서 극단적인 결말을 예상하고 있기 때문에 미리 준비하고 남들보다 더 많이 노력한다.

하지만 이러한 성향의 사람들은 만에 하나라도 자신들이 예상하지 못한 실수가 발생하거나 결과가 긍정적이지 못할 때 부정적인 영향을 더 많이 받는다. 성공 가도를 달리던 사람이 한 번의 실패에 자살을 선택하는 뉴스를 접할 때가 있다. 늘 성공하던 사람이 한 번쯤 실수했다고 해서 무슨 대수인가 생각할 수도 있지만, 이들은 실패를 몰랐기 때문에 대응하는 방법을 알지 못했을 수 있다. 실수는 실수일 뿐이다. 실수할 수 있고 예상대로 일이 되지 않을 수도 있지만, 그것이 돌이킬 수 없는 실패가 되는 것은 아니다. 돌발상황이 새로운 대처기술을 습득할 수 있는 기회라고 생각할 수 있다면 긴장을 낮추고 원하는 목표를 이루는 데 더 도움이 될 것이다.

부정적이고
비관적인 관점

부정적이고 비관적인 사고패턴은 우울한 마음을 자주 불러들인다. 모든 상황에는 항상 긍정과 부정, 이 2가지 측면이 공존하고 있음에도 불구하고 부정적인 면에 초점을 맞추어서 생각을 하면 기분이 저하된다. 사람은 누구나 장점과 단점이 있기 마련인데, 자신의 단점에 초점을 맞추면 무능하고 가치가 없는 사람으로 여겨진다.

"요즘 무능하다는 생각이 자꾸 듭니다. 사실 지금 하고 있는 업무가 제 경력으로 하기에는 어려운 일이거든요. 그동안 운 좋게 큰 사고 없이 메꿔왔는데 이제는 곧 제 밑천이 완전히 드러날 것 같아요. 팀장님이나 다른 동료들도 지금까지 버텨온 게 진짜 실력이 아닌 걸 알게 되겠죠. 사람들이 어떻게 볼까 신경 쓰이고, 집중도 잘 되지 않습니다. 그냥 회사를 관두고서 떠나버리고 싶습니다."

P씨는 자신의 역량에 넘치는 업무를 하고 있어서 조만간 일이 잘못될 것이라고 예상한다. 조만간 회사에서 본인의 무능함이 드러날 것 같은 불안감에 집중도 되지 않고, 이 자리를 벗어나고 싶은 마음만 자꾸 든다. P씨처럼 상황을 지각하고 있다면 아마 누구

라도 우울할 것이다.

그런데 상황을 자신이 어떻게 해석하는가에 따라 기분은 달라진다. '경력에 맞지 않는 난이도 있는 업무를 시고 없이 헤왔다'는 객관적 사실에 대해서 P씨는 단순한 행운으로 해석하지만, 본인의 능력과 노력 덕분이라고 생각한다면 자신감이 생기고 뿌듯할 것이다.

상황을 비관적이고 부정적인 관점에서 해석하고 있지는 않은지 내 안을 한번 들여다보자. 객관적인 사실에 근거해서 종합적으로 건전한 분석이나 비판을 하는 것과 부정적인 부분에만 초점을 맞추어 지각하는 것은 전혀 다르다. 논리적이고 합리적이라는 이유로 균형을 잃고 한쪽으로 치우쳐 있는 것은 아닌지 자신을 검토해보자. 마음의 균형을 잃으면 우울 같은 부정적인 감정에 취약해지고, 우울의 늪에 빠지기가 더 쉽다.

지나간 사건에 대한 반추

우울한 마음을 부추길 수 있는 마지막 이슈는 최근에 있었던 스트레스 사건이다. 스트레스 사건이 있었다면 기분이 울적해지는 것은 당연하다. 스트레스는 피할 수 없지만, 그 울적함을 얼마나 지속시키는가 하는 것은 조절할 수 있다.

"이번에 승진에서 떨어졌어요. 동기들은 모두 승진 축하 파티를 한다고 들떠 있는데, 전 표정관리가 안 됩니다. 어디 숨어서 울고 싶기만 하고… 저도 열심히 했는데… 전 왜 이렇게 못났을까요? 이제 자신이 없어요. 사람들이 모두 나만 쳐다보고 수군거리는 것 같아서 점심시간에도 옥상에 혼자 올라가 있었습니다."

승진 탈락 같은 좌절감을 주는 사건을 겪은 후에는 괜히 주변 사람들의 행동이 신경 쓰이고 민감해질 수 있다. 스트레스의 영향력은 그 사건을 반추하고 되새길수록 커진다. 지나간 사실에 사로잡혀 모든 일을 그것과 관련지어 지각하게 되기 때문이다. 예를 들면 나를 보고 웃으면 비웃는 게 아닌가 싶고 승진에서 떨어져 불쌍하다고 동정할 것 같기도 하다. 자신의 예민함에서 비롯된다는 것을 인식하면 스스로가 한심하고, 사람들과 어울리고 싶은 마음도 사라진다.

좌절감을 주는 스트레스 사건을 경험하면 침체되고 울적해지는 것은 당연하다. 그런데 만일 이런 마음이 오래 지속된다면, 그 사건을 흘려보내지 못하고 곱씹는 마음의 습관이 있는 것은 아닌지 점검해보자.

지나간 일을 붙잡고 곱씹는 것은 흐르는 물을 막아 썩게 만드는 것과 다를 바 없다. 되새김질을 한다고 해서 지나간 것을 돌이킬 수는 없다.

마음의 습관을 점검해보자

☐ 자신에 대한 높은 기준, 실수에 대한 과대평가 등 완벽주의 성향이 자신에게 있는지 돌이켜본다.

☐ 자신과 미래, 환경에 대해 부정적인 측면에 초점을 맞추어 해석하고 있는지 돌이켜본다.

☐ 스트레스 사건을 오랫동안 마음속에서 곱씹고 있는 것은 아닌지 점검해본다.

우울에서 벗어나 직장생활을 씩씩하게 하는 법

⚡

스트레스 받는 사건을 피할 수는 없지만, 그 사건으로 얼마나 영향을 받는가 하는 것은 내가 선택할 수 있다. 우울을 부르는 마음의 습관이 있다면 지금부터 건강에 도움이 되는 새로운 습관을 익혀보자. 건강한 사람이 감기를 잘 이겨낼 수 있는 것처럼, 마음의 근력을 키워놓는다면 스트레스에 대한 내성을 높일 수 있고, 좌절을 겪어도 오래 머무르지 않고 평정심을 찾을 수 있는 회복력을 높일 수 있다.

흑백논리에서
벗어나기

세상을 항상 2가지로 분류해 기억하는 사람들이 있다. 맛있는 음식과 맛없는 음식, 좋아하는 업무와 싫어하는 업무, 성공과 실패, 중요한 업무와 하찮은 업무 등으로 나눈다.

완벽하지 않다면 결국 실패와 다름없다는 생각도 흑백논리에서 비롯된다. 열심히 했지만 나중에 실수가 발견되어 그동안의 노력이 수포로 돌아갈까봐 걱정하며, 혹시라도 놓친 부분이 있지 않을까 불안하고 긴장하게 된다.

만일 예상치 못한 오류라도 발견된다면 일을 '망쳐버린 것'에 대해서 자책하게 되고 쉽게 잊혀지지 않을 것이다. 그러나 2가지 극단 사이에는 많은 중간점들이 존재한다. 완전한 성공이란 가능성이 희박한 일이니, 부분적인 성공이나 부분적인 만족을 인정하지 않으면 행복을 느낄 기회는 급격하게 줄어들고, 반대로 우울해질 기회는 늘어나게 된다.

이런 양극단을 오가는 흑백논리는 우울한 마음을 유발하기 쉽다. 우울한 마음에서 빠져나오기 위해서는 자신만의 회색지대를 운영하는 것이 필요하다. 성공과 실패 사이에 있는 다양한 결과의 가치를 인정하자. 비록 그 결과가 자신이 원하는 기준까지 미처 이르지 못했다고 하더라도, 그 과정의 경험이 유용한 자산이 될 것이다.

때로 자신을 용서하고 관대하게 대하자

남들에게 관대한 만큼 자신에게도 관대할 필요가 있다. 자신에게 높은 기준이 있는 사람은 남들에게는 관대해도 자신에게는 그렇지 못하다. 자신과 타인에 대해 이중적인 평가 기준이 있는 것이다. 좌절을 경험한 친구나 동료에게는 별일 아니라고 위로를 하면서도, 자신에게는 상황을 과장하고 위기감을 조성하며 스스로를 채찍질한다. 자신에게 엄격하고, 자신과 타인에 대한 기준이 이중적이라면 차라리 친구를 대하듯이 자신을 대하는 게 낫다.

만일 친구나 동료가 자신과 같은 울적함을 호소한다면 어떻게 위로해줄지 생각해보고, 같은 이야기를 자신에게 해주자. 울적해하는 동료에게 비판을 하지 않으면서, 자신에게는 나약하다고 비판하는 경우가 많다. 자신에게 하는 말을 동료에게 건넨다면 어떤 반응을 할지 상상해보라. 자신에 대한 엄격한 기준은 우울한 마음을 스스로 더욱 깊게 하는 결과를 낳는다.

156

자신을 칭찬하고
자신에게 상을 주자

마음이 울적해지면 칭찬에 인색해진다. 칭찬할 만한 것들에 둔감해지기 때문이다. 의식적으로 자신이 칭찬받을 만한 사소한 것, 작은 것이라도 찾아내 칭찬하려는 노력이 필요하다. 이것은 오직 자신 혼자만이 할 수 있다.

다른 사람들은 겉으로 드러나는 행동과 결과만을 볼 수 있다. 하지만 스스로는 목표를 이루기 위해 기울인 노력, 자잘하지만 혼란을 주었던 장애들, 쉬운 길로 돌아가라는 달콤한 유혹을 뿌리친 것 등 겉으로는 나타나지 않았지만 과정중에 일어나는 많은 내적·외적 사건들을 알고 있다. 다시 말해 타인이나 조직은 행동과 결과만을 칭찬할 수 있지만, 스스로는 지지하고 칭찬해줄 일이 훨씬 더 많다는 것이다.

성실하지만 회사에서 능력을 크게 인정받지 못하는 팀장을 만난 적이 있다. 요즘 밤에 잠이 잘 안 오고 멍하게 넋을 놓고 있는 시간이 부쩍 늘어났다고 했다. 최근에 있었던 평가의 낮은 결과가 그의 주요 스트레스였고, 그 사건 후에는 출근하는 것조차 피곤해할 정도로 침체되어 있었다.

그는 원래 성격이 꼼꼼하고 책임감이 강해 누가 보거나 말거나 자신이 맡은 일은 누구보다도 열심히 해왔다고 나름 자부했는데, 평가 결과가 좋지 않자 지나온 시간 모두가 무의미하게 느껴지고 자신이 한심해서 견딜 수가 없다고 했다. 아무도 자신의 노력을 알아주지 않고 헛된 시간을 보냈다는 지각이 그를 더욱 지치게 하고 있었다.

그에게 아침에 일어나 세수할 때부터 시작해 화장실에 갈 때마다 거울 속에 있는 자신을 마주 보며 하나씩 칭찬할 것을 권했다. 두드러진 성과가 아니더라도 남들은 잘 모르는 자신의 숨겨진 노력을 인정해주는 것이다. 처음에는 어색해했지만 스스로 기울이고 있는 노력들을 인정하고 자각할수록 자신감이 생기고, 스스로 당당해지는 마음이 든다고 했다. "그렇죠. 누가 뭐라고 하든지 열심히 했다는 것은 내가 알죠. 할 수 있는 만큼 한 거 같아요."

일단 몸을 움직이자

생각이 많아지면 그 생각 중에서 합리적이고 생산적인 부분이 차지하는 비율은 줄어든다. 우울한 기분에 빠지면 행동보다는 생각이 더 많아진다. 또 생각이 많아지면 더불어 시름도 깊어진다. 도움이 되지 않는 생각의 늪에서 빠져나오려면 우선 몸을 움직이는 것이 필요하다.

많은 사람이 기분을 전환하기 위한 방법으로 운동을 권하는 것도 이러한 이유다. 정기적으로 운동을 하면 바람직하지만, 직장에 매인 생활에서 시간을 내기 어렵다면 자투리 시간을 적극 활용하는 것도 좋다. 일반적으로 가까운 거리는 걷고, 건물의 저층은 걸어서 다니고, 입구와 조금 떨어진 자리에 주차하는 등 생활의 습관을 바꾸기를 권한다.

우울한 기분을 느끼는 사람들에게 몸을 움직이는 활동을 권하면 보통은 피곤하다는 이유로 미루는 경우가 흔하다. 운동이 좋다지만 기력이 좀 생기면 그때 시작하겠다는 핑계를 댄다. 하지만 기력이 생겨야 운동을 하는 것이 아니라 에너지를 생성하기 위해 운동을 할 필요가 있는 것이다.

운동을 하면 에너지가 재충전되고, 피로감이 오히려 감소된다. 신체적인 활동을 통해 긴장이 이완되고, 엔도르핀이 증가한다. 엔도르핀은 뇌에 기분을 증진시키는 신경전달물질로 운동을 통해 증가하며, 그래서 '좋은 항우울제'라고 부르는 사람들도 있다. 수영이나 골프 같은 그럴듯한 운동이 아니어도 상관없다. 가능한 한 몸을 움직이면서 생각을 줄이도록 하자.

지금 가진 것에
감사하기

우울한 기분을 전환하기 위해 일반적으로는 기분을 즐겁고 유쾌하게 만드는 활동을 할 것을 권한다. 취미활동을 하거나 가까운 친구를 만나 수다를 떨면서 모임을 가지는 것도 좋은 방법이다. 그렇지만 이런 권유를 하면 내가 예전에 어떤 것을 좋아했는지, 어떻게 해야 기분이 좋아지는지 아무런 생각이 떠오르지 않는다고 대답하는 경우가 종종 있다.

즐거운 활동이 얼른 떠오르지 않는다면 현재 가지고 있는 것과 상황을 감사하고 즐기는 것부터 시작하자. 우선 현재 내가 하고 있는 일과 주어진 환경의 긍정적인 부분을 발견해야 한다.

비관적이고 자기비하적인 생각에 깊이 빠져 있던 40대 중반의 중견 간부를 만난 적이 있었다. 아직도 임원이 되지 못했고, 젊은 친구처럼 글로벌한 감각이 있는 것도 아니고, 전문성이 있는 것도 아니라 회사에서 얼마나 버틸 수 있을까싶기도 걱정하고 있었다.

그와 함께 그가 가지고 있는 자산을 나열해보았다. 많은 젊은 친구들이 입사를 꿈꾸는 최고의 직장에서 20년 가깝게 근속했고, 차근차근 모아둔 월급으로 부자는 아니지만 집과 주식 등을 가지고 있어 경제적으로 안정된 편이었으며, 자녀 둘은 큰 말썽 없이 제

앞가림은 찾아서 하는 편이었다. 그는 자신이 가지고 있는 것들이 매우 평범하기 때문에 감사하게 여길 것이 없는 것 같다고 했다.

하지만 얼마나 많은 사람들이 평범하기를 소망하며 풍파 많은 생활 속에서 버티고 있는지를 생각해보라. 지금 감사할 것이 없는 것이 아니라 보려고 하지 않기 때문에 그의 현재 생활이 만족스럽지 않은 것이다. 동일한 환경에서도 어떤 사람은 행복하고 어떤 사람은 그렇지 않다면, 차이를 만들어내는 것은 환경이 아니라 그 사람의 마음이다.

마음의 근력을 키우자

- ☐ 흑백논리에서 벗어나본다. 회색지대의 가치를 인정하면 마음이 더 편안해질 수 있다.
- ☐ 마치 친구를 대하듯이 자신을 대해본다. 남들에게 관대한 만큼 자신에게도 좀더 관대할 필요가 있다.
- ☐ 자신 안에 숨겨진 것들을 찾아서 칭찬해본다. 나의 훌륭한 점은 내가 가장 잘 안다.
- ☐ 몸을 움직여본다. 시름을 깊게 하는 생각들을 사라지게 하는 데 도움이 된다.
- ☐ 지금 가지고 있는 것을 감사해본다. 긍정적인 관점은 감사할 것들을 찾아준다.

2장

내 안에 괴물이
살고 있다

분노

원하는 일이 좌절되었을 때, 의도하지 않은 상황에 놓여 오해를 받게 되었을 때, 상사나 고객이 거친 말을 퍼부을 때 등 화가 날 때가 있다. 이런 상황에서 화가 나는 것은 자연스러운 반응이다. 문제는 화나는 일이 잦아지거나 화가 잘 조절되지 않아서 나중에 후회할 일을 만드는 경우일 것이다.

분노를 더 키우는
마음의 습관 3가지

———————————— ⚡ ————————————

조직생활을 하다보면 합리적이지 못한 일들을 종종 보게 된다. 답답하고 화가 날 만한 일이라고 해도 그 정도가 어느 수준인가 하는 것이 문제일 것이다. 대부분의 사람에 비해서 화를 더 많이 내고, 나의 평판을 해칠 정도라면 내가 가지고 있는 관점에 대해서 돌이켜보는 것이 좋을 것이다. 객관적으로 타당한 수준보다 화를 더 키우고 있다면 스스로 건강을 해치고 있는 것이니, 마음 건강을 위해 관점을 수정해보는 것이 좋다.

————————————————————————————————

적대적인
해석

평소와 다르게 분개할 일이 갑자기 많아졌다면 2가지 가능성이 있다. 일상 속에서 화가 날 일들이 갑자기 크게 늘어났거나, 상황을 받아들이는 마음이 평소보다 민감해진 것이다. 상황에 별 변화가 없었다면, 상황을 받아들이는 내 지각이 적대적이고 부정적으로 치우친 것은 아닌지 돌이켜보자.

"너무 화가 납니다. 부장이 회의에서 날 바보로 만들었어요. 난 부장이 지시한 대로 했고, 회의에 들어가기 전까지도 아무 말도 없더니, 회의시간에 이사님이 뭐라고 하니까 나를 쳐다보더군요. 내게 뒤집어 씌우겠다는 심보인 거죠. 내가 독자적으로 일을 추진했겠습니까? 부장이 시키는 대로 했는데, 이사님이 좋은 소리 안 하니까 자기는 쏙 빠지고 떠넘기려고 하다니… 성질이 나서 회의실을 나와버렸어요."

A씨가 결정적으로 화가 난 것은 부장이 회의에서 이사에게 잘못을 추궁당하자 자신을 쳐다보았기 때문이다. 그는 이것을 부장이 잘못의 책임을 자신에게 뒤집어 씌우려는 의도라고 생각했다. 그의 생각이 맞는 것일 수도 있고, 아닐 수도 있다. 어쩌면 함께 작

업했던 팀원이니 당황스러운 마음을 나누려고 쳐다보았을 수도 있고, 당황스러운 마음에 그저 둘러보다가 눈이 마주쳤을지도 모른다. 혹은 A씨가 생각한 내로 책임을 전가하려는 시선이었을 수도 있다. 어느 쪽이거나 그 자리에서 정확하게 확인하기는 어려운 일이다.

분명한 것은 발뺌을 하려는 의도로 해석하는 것이 여러 대안 중에서 가장 분노를 유발하는 생각이라는 점이다. A씨는 매우 분개했고, 그 감정을 참지 못하고 자리를 뛰쳐나가고 말았다. 다른 동료들이 보기에 상사의 지적에 책임감 있게 대응하지 못하는 부장이 얄밉고 답답했지만, 그렇다고 해도 중간에 자리를 박차고 나가는 A씨의 행동도 이해하기 어렵기는 마찬가지였다. 상황에 비해 과하게 화를 내는 것처럼 보였기 때문이다.

감정을 다스리는 데는 개인이 받아들이는 방식이 중요한 역할을 한다. 대부분의 사회적 상황은 애매하고, 관점에 따라 여러 가지로 해석되는 여지가 있다. 여러 대안 중에서 어떤 것을 선택하는지에 따라서 감정의 종류와 수준은 달라진다. 매사 화낼 일이 많아지고, 같은 상황에 있는 동료들에 비해 더 크게 화를 내는 것 같다면 상황을 적대적이고 부정적인 방향으로 해석하고 있는 것은 아닌지 점검해보자.

앞뒤 가리지 않는
성급한 대응

분노를 미숙하게 다루는 두 번째 이슈는 분노 감정이 바로 행동으로 폭발해버리는 것이다. 행동의 장기적인 결과를 고려하지 못하고 당면한 감정에만 집중하다 보면 바로 행동으로 이어지기가 쉽다. 가까운 사람들에게 '욱하는 성질'이 있다는 평을 들은 적이 있다면, 행동하기에 앞서 좀더 신중할 필요가 있다.

"제가 욱하는 성질이 있습니다. 한 번 성질을 내고 나면 뒤끝은 없으니, 꽁한 것보다는 이런 시원한 성격이 낫다고 생각합니다. 그런데 이번에는 일이 좀 커졌어요. 나이도 어린 거래처 직원이 하도 깐깐하게 굴길래 욱해서 거래를 끊겠다고 하고 말았습니다. 중요한 거래처였는데 일도 틀어질 거 같고… 다시 번복하는 것도 자존심 상하고… 그때 감정을 참았어야 했는데 말이죠."

B씨처럼 '욱하는' 대부분의 사람들은 스스로를 '뒤끝 없는 사람'이라고 생각한다. 그 자리에서 벌컥 화를 내서 그렇지 자기 마음에 남아 있는 앙금은 없다는 것이다. 이런 사람들은 보통 '꽁하고 마음속에 앙금을 남겨두는 사람'과 자신을 비교하면서 스스로를 긍

정적으로 평가하는 경향이 있다. 하지만 중요한 거래처를 잃을 위기에 처한 B씨처럼 앞 뒤 가리지 않고 성급하게 화를 내는 행동은 관계를 손상시킨다. 성격이 시원하고 대범하나는 등의 사기 합리화를 벗어나 즉각적으로 표현하는 방식은 미숙하다는 것을 스스로 인정해야 한다.

성급한 대응을 조절하는 또 다른 방법은 자신의 욱하는 성질을 자극하는 특정적인 상황이나 자극이 있는지를 탐색하는 것이다. 누구에게나 민감하게 반응하는 부분이 있다. 나이 어린 사람이 깐깐하게 구는 것처럼 자존심을 건드렸을 때, 책임을 회피하려고 하는 사람을 볼 때, 공정하지 못할 때, 잘못을 지적당할 때 등의 상황이 있을 수 있다. 이렇게 자신이 욱했던 상황들을 돌이켜보면서 취약한 부분이 어떤 것인지를 발견해본다.

분노표현에 대한 잘못된 통념

마지막 이슈는 분노의 표현과 관련된 잘못된 통념이다. 어떤 사람들은 화는 쌓아두지 말고 그때그때 표현하는 것이 건강에 좋다고 믿는다. 또 다른 사람들은 분노 같은 강한 부정적 감정은 드러내지 말고 무조건 참는 것이 낫다고 생각한다. 극과 극의 대처법이다. 하지만 분노를 그때그때 모두 표현하는 것도, 무조건 참는 것도 분노 감정을 제대로 다루는 것이라 할 수 없다.

"가슴이 답답해서 미칠 것 같습니다. 과장님이 별일 아닌 걸로 트집을 잡아 저를 괴롭힙니다. 며칠 전에는 감기가 심해 아침에 병원 들러 한 시간만 늦게 출근하겠다고 했더니, 혹시 늦잠을 자고 싶어서 핑계 대는 거 아니냐고 하는 거예요. 농담처럼 말하지만 뼈가 있는 말이죠. 다른 사람들은 하루 쉬는 게 좋겠다고 할 정도로 얼굴에서 벌겋게 열이 나고 기침도 심했는데 그렇게 말하는 과장이 정말 밉더군요. 그래도 내색하지 않고 웃는 낯으로 대하려고 했더니 얼굴에 경련이 나요. 요즘 소화도 잘 안 되고, 과장님 얼굴만 봐도 숨이 막힐 것 같아요."

C씨처럼 윗사람에게는 대들지 말아야 한다고 생각하는 사람은 상대방의 비합리적인 처사에도 자신의 감정을 억압한다. 이 억압된 감정이 점점 누적되면, 가슴이 답답하고 소화도 안 된다는 하소연처럼 다양한 신체적 증상을 유발한다.

감정을 표현하는 것에 익숙하지 않고 자연스럽지 못한 사람들이 많다. 흔히 중년 이상의 우리나라 남성들은 부드러운 감정을 표현하는 데 미숙하고, 일부 여성들은 부정적인 감정을 표현하는 것을 편안해하지 않는다.

분노를 그때그때 모두 표현하는 것도, 무조건 참는 것도 분노 감정을 제대로 다루는 것이 아니다. 중요한 것은 상황 맥락을 고려하면서 적절한 시점에 정제된 방식으로 감정을 표현하는 것이다. 때에 따라서는 표현을 미루는 것이 좋을 수도 있고, 바로 표현하는 것이 적절할 수도 있다. 잘못된 통념을 따라 상황 맥락을 무시한 채 경직된 방식으로 내 안의 분노를 다루고 있는 것은 아닌지 자신을 돌이켜보자.

마음의 습관을 점검해보자

☐ 상황을 적대적으로 해석하고 있는 것은 아닌지 돌아본다.

☐ 욱하는 행동을 시원한 자기표현이라고 합리화하는 것은 아닌지 점검해본다. 충동적 행동은 관계를 해치고 후회를 남긴다.

☐ 분노 표현과 관련된 통념을 탐색해본다. 무조건 참는 것도 분노를 다스리는 좋은 방법이 아니다.

직장에서 경쟁력을 높이는
분노 다루는 법

분노는 심리적인 에너지를 상당히 소진시키는 강한 감정이다. 다시 말해 분노를 잘 다루지 못해서 분노가 폭발하면 몸과 마음이 지쳐버린다는 것이다. 그래서 직장생활을 건강하게 유지하기 위해서는 이토록 강력한 분노라는 감정을 미리 조절하고 통제하는 것이 매우 중요하다. 내 안의 괴물인 분노라는 감정을 어떻게 다루어야 마음의 평안을 유지할 수 있을까?

분노의 초기 신호를
자각하자

분노를 느끼기 전에 기분이 약간 나빠지는 정도의 불쾌한 감정이 드는 전조가 있다. 얼굴이 발갛게 달아오르거나 목 뒤가 뻐근하거나 손에 땀이 나기도 한다. 이러한 초기 신호를 인식하고 갈등상황에서 이를 자각하도록 노력해야 한다.

자신이 특히 취약한 부분을 파악하고 있다면 그런 상황에서 오는 신호를 좀더 민감하게 관찰하는 것이 좋다. 감정은 격앙된 후에 다루는 것이 더 어렵다. 초기에 불쾌한 감정이 들기 시작할 때 다루는 것이 좀더 안전하고 용이하다.

욱하는 성질이 있다면, 이를 자극하는 특정한 자극을 기억해두는 것도 분노를 자각하는 데 도움이 된다. B씨처럼 연령에 따른 예절을 중요하게 생각하는 것을 스스로 인식하고 있다면, 나이 어린 거래처 직원과 업무를 해야 할 때는 과민하게 반응하지 않도록 좀더 마음의 준비를 해서 감정을 조절할 수 있다. 그래도 조절이 잘되지 않는다면 차라리 상황 자체를 피하는 것이 충동적인 행동으로 일을 망치고 경력에 오점을 남기는 것보다는 낫다.

K씨는 욱하는 성질로 직장생활이 평탄하지 않았다. 잘 지내다가 가끔 상사와 크게 싸우는 바람에 대부분의 팀장이 그와 함께 일

하기를 꺼려했다. 그를 욱하게 만드는 가장 취약한 부분은 자신보다 나이 어린 상사가 업무 지적을 하는 상황이었다. 분노에 대해 탐색하면서 본인의 취약한 부분을 깨달은 K씨는 자신보다 젊은 상사를 만나면 상호 존칭을 쓸 것을 제안했다. 상사는 그가 민감하게 여기는 부분이 어떤 것인지를 자연스럽게 사전에 인지할 수 있었고, 서로 조심하게 되면서 갈등 상황은 줄어들었다.

분노라는 풍선의 바람을 빼자

초기 신호를 자각했다면 이제 감정이 고조되지 않도록 조절하려는 노력이 필요하다. 마치 풍선의 바람을 빼듯이 긴장을 낮추고 마음을 이완시켜야 한다.

근무시간중에 사무실을 벗어나지 않고도 마음을 이완시킬 수 있는 자신만의 활동을 마련해놓으면 감정을 조절하는 데 많은 도움이 된다. 털어놓고 이야기를 할 수 있는 동료가 있다면 좋겠지만, 상황이 여의치 않다면 혼자 할 수 있는 활동을 고안한다. 예를 들면 휴게실에 가서 차를 한 잔 마시고 오거나, 화장실에 가서 손을 씻고 거울을 보면서 자신의 모습을 보는 것도 좋다. 계단을 한두

층 오르내리는 방법도 있고, 음악을 좋아한다면 한두 곡의 음악을 들을 수 있는 공간을 찾아놓는 것도 도움이 될 것이다. 사무실에서 빗어나기 힘들다면 떠오르는 생각들을 종이에 내키는 대로 적어보는 것도 좋다.

이러한 활동들은 길어야 10분 이내에 가능한 것들로 업무시간에 큰 지장을 주지 않는다. 그러면서도 감정의 흐름을 잠시 차단함으로써 상황에 대한 객관적인 시각을 갖도록 할 수 있고, 갑자기 감정이 격앙되는 것을 막아줄 수도 있다.

긍정과 부정을 함께 고려해 상황을 해석하자

부정적인 해석에 치우치지 않고 긍정과 부정의 모든 가능성에 대해 균형을 유지하면서 받아들일 줄 알아야 한다. 다양한 가능성을 고려할수록 감정에 휘둘리지 않을 수 있다.

나이 어린 거래처 직원의 깐깐한 태도가 나를 무시하는 것이라고 받아들이면 화가 난다. 하지만 거래처 직원이 자신과 상담하기 직전에 상사에게 싫은 소리를 듣고서 기분이 나빠서 그렇다고 생각하거나, 나이가 어리다고 무시받지 않으려고 더 깐깐한 척한다고 생각하면 부정적인 감정의 강도는 다소 경감된다.

감정을 다스리기 위해서는 사실을 분석하기보다는 마음을 편안하게 하고 조금이라도 더 긍정적인 방향으로 생각하는 편이 더 현명한 선택이다. 원인의 분석과 대처방안을 강구하는 것은 감정이 수그러든 후에, 이성이 감정에 휘둘리지 않을 때 시도하는 것이 적절하다. 가장 중요한 핵심은 격앙된 감정을 가라앉히는 것이다.

시시비비를 가리려고 하지 말자

감정을 표현하기 전에 당신의 목적이 무엇인지 한번 생각해보라. 당신이 화가 났다는 것을 알려주고 싶거나 상대방의 잘못을 지적하고 싶은 것인가? 혹은 상대방의 문제점을 바로잡아서 변화시키거나 잘못에 대해 사과받기를 원하는 것은 아닌가? 만약 그렇다면 이런 마음은 모두 시시비비를 가리고 싶고, 상대방을 비난하고 싶은 마음이다.

이렇게 내 감정을 알리는 것은 감정의 분출이지, 업무나 관계에 별 도움이 되지 않는다. 잘못을 지적하고 사과를 받는 것이 이상적이기는 하지만 이해관계가 얽혀 있는 직장에서는 이루어지기 어렵다. 가족관계 같은 지극히 사적인 관계에서도 잘못을 인정하고 사과하는 것이 어려운데, 직장상사나 거래처 직원에게서 이런 행동을 쉽게 기대할 수 있겠는가?

이미 일어난 행동의 시시비비를 가리고 상황의 원인을 분석하기보다는 미래에 집중해야 한다. 예컨대 어떻게 해야 부장이 책임을 인정하게 할 것인지, 거래처 직원이 예의를 갖추어 대하게 할 것인지, 과장이 비꼬는 말투로 나를 괴롭히지 않을 것인지에 집중하라. 당신의 감정 폭발은 추후에 당신이 얻고자 하는 바를 이루는 데는 크게 도움이 되지 않는다.

타인을 이해하려는 측은지심이 중요하다

화가 나면 되갚아주고 싶은 마음이 들기 마련이다. 이것은 사람이라면 당연하다. 하지만 한 대 맞았다고 상대방에게 한 대 되갚아주는 것은 매우 원시적이고 성숙하지 못한 대응책이다. 마음속은 시원할지 모르지만, 내 경력에 도움은 안 된다.

부정적인 감정을 완화시킬 수 있는 다른 감정은 상대에게 연민을 느끼는 것이다. 즉 분노를 일으킨 대상을 불쌍히 여기도록 해본다. 부장이나 되어서 윗사람에게 책임을 추궁당하자 팀원의 눈치를 보는 모습이 '참 못났다'라고 생각하면 일단 화가 누그러질 것이다. 거래처 직원에게 저렇게 일일이 깐깐하게 따지려면 참 피곤하겠다고 생각하면, 안쓰럽다는 마음이 먼저 들지도 모른다.

마음의 습관을 점검해보자

- ☐ 분노의 초기 신호를 자각한다. 특히 쉽게 분노를 유발하는 취약한 영역에서는 자신을 잘 관찰한다.
- ☐ 풍선의 바람을 빼듯이 휴지기를 가져 감정을 누그러뜨린다.
- ☐ 긍정과 부정을 모두 고려해 상황을 해석해본다.
- ☐ 시시비비를 가리려고 하지 않는다.
- ☐ 측은지심을 가져본다. 모두 직장생활을 하느라 고되게 살고 있다.

잘못된 통념에 따라 상황 맥락을 무시한 채,

경직된 방식으로 내 안의 분노를 다루고

있는 것은 아닌지 자신을 돌이켜보자.

3장

깨알 같은 걱정이
일의 진행을 방해한다

불안

마음을 편치 못하게 하는 감정 중의 하나가 불안이다. 미래를 확실하게 알 수 없는 인간은 늘 조금씩은 불안에 노출되어 있다. 더구나 요즘 회사생활은 평가가 엄격하고, 경쟁이 치열하다. 언제 밀려날지 모른다는 미래의 경력에 대한 불안, 성과가 충분하지 못할 것 같은 걱정, 실수에 대한 불안 등 누구나 조금씩 걱정하는 바가 있다. 그리고 미리 걱정한다고 해도 상황이 달라지지 않을 것임을 잘 알고 있다. 그래도 자잘한 걱정들이 머릿속에서 떠나지 않고, 덩달아 마음도 편치 않을 때가 많다.

불안을 더 크게 만드는
마음의 습관 3가지

---------- ⚡ ----------

미리 하는 걱정들은 결과에 어떠한 영향도 미치지 못하며 결과를 변화시키지 않는다. 그런 걱정들은 단지 현재의 내 마음을 불안하게 만들 뿐이다. 어쩌면 내가 만들어내는 불안이라고 할 수 있다. 세상을 살면서 걱정되는 마음에서 완전히 자유로울 수는 없겠지만, 불안을 더 크게 만들어내는 마음의 습관을 찾아 바꾸어가는 것이 현재의 나를 좀더 편안하게 하는 방법일 것이다.

뭔가 나쁜 일이
생길 것 같아!

"호랑이 굴에 잡혀가도 정신만 차리면 산다"라는 속담이 있다. 걱정이 많은 사람은 호랑이가 옆 마을에 나타났다는 이야기만 들어도 정신을 놓는다. 호랑이가 나타나 잡혀먹는 상상을 하고 있기 때문이다. 불안에 자주 사로잡히는 사람은 당면한 상황에서 최악의 결과나 실패, 심각한 갈등 등을 예상한다. 몸은 현재에 있지만 마음은 미래에 생길지도 모르는 최악의 상황 속에 있는 것이다.

"그 상사 앞에만 서면 너무 긴장이 되어서 아무 생각도 나지 않습니다. 다른 상사는 괜찮은데 왜 그 사람 앞에만 서면 머릿속이 하얗게 변하는지 모르겠습니다. 업무를 제대로 못하면 두 번도 안 봐주고 좌천을 시킨다는 소문을 들었습니다. 성미가 급한 사람이라 제가 머뭇거리면 기다리지 못하고 채근을 해댑니다. 그럴수록 제 머릿속은 더 하얗게 됩니다. 지나고 생각해보면 말 못할 것도 아닌데 그 자리에서는 입이 안 떨어지니 더 답답합니다. 이러다가는 최저 평가를 받을 게 뻔합니다."

A씨는 냉정하기로 악명 높은 상사 앞에서 지나치게 긴장해 말문이 막혀버리고 만다. 그 사람 앞에 서면 질문에 잘못 대답했다가

184

상사가 소리지르면서 비난하는 모습을 떠올리고 있을 것이다. 불안감에 자주 사로잡힌다면, 당신의 머릿속을 채우고 있는 상상이 어떤 것인지 돌이켜보라. 그 순간에 충실하고 있었는지, 혹시 일어나지 않은 미래로 달려가 무언가 나쁜 상황을 만들어 그 안에 자신을 세워놓고 있었던 것은 아닌지 말이다.

난 잘해내지 못할 거야!

자신에 대한 낮은 평가는 잘해내지 못할 것이라는 불안감을 더욱 부추긴다. 설사 부정적인 상황을 예상한다고 해도 스스로 잘 대처할 수 있을 것이라고 믿으면 불안은 크지 않을 수 있다. 하지만 그 반대의 경우 조금이라도 상황이 어려울 것이라고 예상하면 불안감은 더욱 커진다.

"다음 주부터 새로운 회사로 출근하는데 제가 잘할 수 있을까 걱정이 됩니다. 이번에는 제대로 된 마케팅 업무를 하고 싶어서 회사를 옮겼습니다. 이전 회사에서도 마케팅을 하긴 했지만 지원 업무를 더 많이 했어요. 왜 이렇게 대우를 잘해주는지 생각해봤는데, 아무래도 이 회사에서는 제가 제품에 대해 잘 알고 있다고 생각하는 것 같습니다. 하지만 사실은 그러지 않아요. 제품 업무를 담당하지는 않았으니까요. 업무를 제대로 못해내서 창피당하는 것은 아닐지 불안해 죽겠습니다."

B씨는 회사를 옮기면서 좋은 처우를 받았으면서도 이것을 자신의 능력 덕분이라고 생각하지 않고, 새로운 회사가 무언가 자신을 잘못 봤기 때문이라고 생각한다. 높은 평가를 받고 자신감을 가지는 것이 아니라 평가를 의심하고 잘못되었을 것이라고 생각하는 것이다. 일견 겸손한 태도라고 보일 수도 있겠지만 사실을 왜곡할 정도의 지나친 겸손은 자신감을 저하시킬 뿐이다.

자잘한 걱정이 많다면 스스로의 능력에 대해 어떻게 평가하고 있는지 자문해보라. 자신에게 10점 만점 중 몇 점을 주겠는가? 동료들은 당신에게 몇 점을 줄 것 같은가? 성공적 경험을 한다면 그것이 능력 덕분이라고 여기는가, 아니면 운이 좋았기 때문이라고 여기는가? 실패는 능력 부족과 나쁜 운수 중에 무엇 때문이라고 주로 생각하는가?

성공 경험은 자신의 능력 덕분이고, 실패 경험은 운이 나빴기 때문이라고 생각하면 높은 자신감을 유지할 수 있다. 지금껏 그 반대로 원인을 돌려왔다면 실제보다 자신을 더 낮게 평가하고 있을 가능성이 높다.

나를 관찰하는
또 다른 나

나의 불안감을 부추기는 마지막 이슈는 지나친 자의식이다. 자의식이란 자신의 위치나 성격 등을 인식하는 것이다. 자의식이 적당한 수준이라면 자신을 돌아보고, 사람들과 관계 속에서 자신의 모습을 성찰하는 수준에서 성숙한 모습으로 보일 수 있다. 하지만 이것이 지나쳐 자신의 세세한 부분까지 남들에게 어떻게 보일 것인가를 체크할 정도로 집착하면 외부와의 자연스러운 접촉을 저해할 수 있다.

자의식 수준이 높은 사람은 관심이 자기에게만 쏠려 있다. 그러다 보니 자연스럽게 행동하고 현재를 즐기지 못한다. 또한 새로운 것을 학습하고 새로운 사람들과 교류하지 못하게 될 수도 있다.

"연구 발표 시간에 상사가 뭘 물어보는데 갑자기 아무 생각도 안 나고 식은땀이 주르륵 나더군요. 그 질문은 예상하지 못한 거였습니다. 답변을 기다리면서 침묵이 흐르는데… 그게 더 힘들었습니다. 혼자 일하는 것은 괜찮은데, 여러 사람 앞에서 발표하려면 무척 긴장이 됩니다. 특히 예상하지 못한 질문이 나오기라도 하면 어쩌나라는 생각이 들면 정말 불안합니다. 다음 분기에 또 발표 순번이 돌아오는데 걱정이 이만저만 아닙니다."

C씨는 발표에서 예상하지 못한 질문에 지나치게 당황했다. 그것은 그 순간 또 다른 내가 자신을 관찰하면서 비판하기 때문이다. 성미가 급한 상사의 질문을 받을 때 상사 앞에서 당황하고 있는 자신의 모습을 보면서 잘해야 한다고 부담감을 주고, 행동에 대해 판단을 하니 더욱 긴장되어 질문에 집중하기 어려워진다. 여러 사람 앞에서 쉽게 불안해진다면 사람들이 나를 어떻게 볼 것인지, 내가 어떻게 보일 것인지에 대해 지나치게 집착하고 염려하고 있는 것은 아닌지 자신을 돌아보자.

마음의 습관을 점검해보자

☐ 최악의 결과를 예상하면 걱정이 많아지는 것은 당연하다. 최악보다는 최선의 결과를 예상할 때 동기수준도 높아지고, 일하는 과정도 더 행복해질 수 있다.

☐ 자기 능력을 지나치게 낮게 평가하고 있는 것은 아닌지 돌아보는 것이 필요하다. 낮은 자기평가는 자신감을 저하시킨다.

☐ 내가 어떻게 보일 것인지에 지나치게 집착하고 있는 것은 아닌지 돌아보는 것이 좋다. 당신이 생각하는 것보다 사람들은 남에게 관심이 없다.

깨알 같은 걱정과 불안을
평안으로 바꾸는 법

———————— ⚡ ————————

불안을 다루기 위해 불안의 원인을 분석하려고 할 때가 있다. 하지만 이는 생각을 더욱 확산시키고 비약시켜 불안감을 악화시킬 위험이 크다. 생각이 많아 생기는 불안을 또 다른 생각으로 다루려고 하는 것은 마음을 더 불편하게 만든다. 그렇다면 불안감을 다루고 마음의 평안을 찾기 위해서는 어떻게 해야 할까?

성공을
상상하자

긍정적인 결과를 상상해야 한다. 자기 충족적 예언(self-fulfilling prophecy)으로 알려져 있듯이 긍정적인 결과를 예상하면 행동이 좀더 적극적이 되고 긴장이 조절되어서 효율적일 수 있다. 또한 자신이 원하는 긍정적인 결과를 이끌어낼 수 있다. 반면에 부정적인 결과를 예상하면 미리 포기하거나 자기 패배적인 행동 패턴을 보여, 결국에는 자신이 초기에 예상했던 부정적인 결과가 나온다. 그러므로 최악의 결과보다는 성공하는 자신의 모습, 원하는 결과 속에 있는 자신을 상상하며 행동해야 한다.

D씨는 위축되고 소심하게 보이는 자신의 모습이 마음에 들지 않았다. 지금보다 능력을 인정받기 위해서는 회의시간에 좀더 적극적인 모습을 보일 필요가 있었다. 하지만 말하기 전에 '이 이야기를 하면 남들이 어떻게 반응할까?'를 생각하다가 타이밍을 놓쳐 의견을 제대로 내놓지 못하고 그냥 회의가 끝나버리곤 했다. 자신의 의견이 받아들여지지 않을 것을 염려하고 망설이다가 시기를 놓치는 것이지 하고 싶은 얘기가 없는 것은 아니었지만, 그의 복잡한 머릿속을 모르는 상사는 그를 아무 생각도 없는 사람으로 여겼다.

그랬던 그가 걱정을 내려놓고 자기를 표현하게 된 것은 자신의

이야기에 관심을 가져주는 사람들을 여러 차례 상상하면서 자신
감을 회복한 후였다. 몇 번 표현을 해보니 자신의 의견이 무시된다
고 해도 염려하거나 상상했던 것만큼 창피한 일이 아님을 알게 되
었다.

연습하고 준비하라, 걱정만으로는 변하지 않는다

어떤 수행과 관련된 걱정이 많다면 연습은 도움이 된다. 재능은
타고 나는 것이 아니라 끊임없는 연습을 통해서 단련되고 길러지
는 것이기 때문이다. 새로운 직장에서 업무를 대할 때 긴장이 되
고, 잘할 수 있을 것인가에 대해 걱정하는 것은 당연하다. 하지만
이 걱정에 머물러서 발을 동동거리고 있는 것만으로 미래는 아무
것도 달라지지 않는다.

대비하고 연습하고 준비하는 과정을 통해 걱정거리를 줄이고 걱
정의 정도를 낮추는 것이다. 새로운 직장으로 출근하면서 자신이
잘 모르는 제품과 관련한 지식이 드러날 것을 염려한다면, 그때부
터 제품을 공부하는 것이 바람직하다. 예전 직장의 동료에게 도움
을 구하거나 자료를 찾아 연구하는 등 자신이 할 수 있는 방법을

강구해 예상되는 어려움을 헤쳐갈 수 있도록 스스로 준비한다. 어느 정도 준비가 된다면 걱정이 완전히 사라지지는 않는다고 해도 초기보다는 완화될 것이다.

연구 발표에서 예상하지 못한 질문을 받을까봐 걱정이 많은 연구원이 있었다. 그에게 예상되는 질문을 뽑아 준비할 것을 권하자, "그걸 어떻게 다 알 수 있어요?"라며 아예 엄두도 내지 못했다. 완벽하게 다 예상하고 준비할 수는 없지만 일부분은 할 수 있다. 또한 그는 시작하기 전에 다른 걱정을 내놓았다. "그렇게 열심히 준비해도 모르는 질문이 또 나오면 어쩌죠?"

그의 걱정은 일리가 있다. 그렇지만 걱정만 하고 준비하지 않으면 달라지는 것은 아무것도 없다. 미흡하더라도 준비가 반복될수록 모르는 질문이 나올 가능성도 줄어들 것이다.

주변 사람들과 걱정을 나눠라

주변 사람들과 걱정을 나눔으로써 긴장감을 완화할 수 있다. 그뿐만 아니라 그 걱정의 타당성에 대해서도 논의할 수 있게 된다. 그러므로 친밀한 동료나 가족 등 심리적으로 지지가 되는 사람들에게 마음속에 있는 걱정과 염려들을 털어놓도록 하자.

H씨가 다니는 회사는 이번에 자회사가 생기면서 일부 직원들이 분사되는 회사로 옮기게 되었다. 모두들 분사되어 나가는 것을 꺼려하고 있는 중에 그는 왠지 자신이 그 대상이 될 것 같아 걱정이 깊어지기 시작했다. 자신의 업무가 분사되는 사업과 관련이 깊기 때문이다.

무엇보다도 분사하게 되면 얼마 전에 중매로 결혼한 아내의 실망이 클 것이 가장 염려되었다. 대기업 직원인 줄 알고 결혼했더니 결혼한 지 얼마 되지 않아 이름도 모르는 낯선 기업으로 회사가 바뀌는 것에 배신감을 느낄 것도 같았다. 걱정이 많아지니 아내에게 퉁명스럽게 되고 이로 인해 오히려 싸움이 잦아졌다.

우선 그에게 동료들과 이야기하면서 걱정을 나눌 것을 권했다. 그러자 그는 분사로 인해 잃게 되는 것도 있지만 얻게 되는 것도 있다는 걸 알게 되었다.

또한 망설인 끝에 아내에게 그동안의 걱정을 털어놓았는데, 아내의 반응은 그가 예상한 것보다 매우 단순했다. 재정적인 문제는 결정이 되면 걱정하자는 것이었다. 아내는 남편의 퉁명스러운 행동이 혼자 고민하며 불안했기 때문이었음을 알게 되었고, 부부관계에 대한 문제가 아니라는 것에 오히려 안심을 하게 되었다.

불안과 함께 지내는 것에
익숙해지자

미래는 원래 확실하지 않다. 그러므로 어느 정도의 불안은 평생의 동반자로 함께 가야 하는 것이니 불안과 함께 지내는 것에 익숙해지는 것이 필요하다.

원하는 미래를 만들기 위해 우리는 여러 가지 노력을 한다. 미래의 변화를 예상하고, 거기에 필요한 지식을 공부하고, 기술을 습득하고, 행동을 연습한다. 그럼에도 불구하고 예기치 않은 변화는 늘 생기기 마련이다.

자신의 전문 분야에서 크게 성공한 여성 기업인에게 그녀가 지금까지 일하면서 겪었던 어려움과 그 어려움을 어떻게 헤쳐나갔는지에 대한 이야기를 들은 적이 있다. 그녀는 매우 진취적이고 도전적인 성격이어서 아내나 엄마로서의 역할 수행에는 관심이 없을 것 같았다. 그런데 의외로 현실적인 제약을 인식하고 계속 일을 하기 위해 사전에 많은 준비와 대비를 하면서 지금까지 경력을 발전시켜왔다고 했다. 열심히 한다고 해서 반드시 성공할 수 있는 것은 아니지만, 그래도 자신이 원하는 것을 얻기 위해 신중하게 생각하고 철저한 준비가 필요했다고 했다. 또한 마지막 말에서 그녀가 보여주는 여유의 근원을 알 수 있었다.

"그럼에도 불구하고 예상하지 못한 일은 늘 생기기 마련입니다. 그래서 인생이 재미있는 것 아니겠습니까?"

기꺼이 실패하고 또다시 도전하자

부정적 결과에 대한 예상이 불러일으키는 불안한 마음은 2가지로 다뤄볼 수 있다. 생각만큼 결과가 치명적이지 않으며, 설령 결과가 심각했다 하더라도 그것이 끝이 아니라 과정의 일부라는 것을 기억하는 것이다.

최악의 결과를 예상할 때 걱정은 늘어나지만 막상 닥치고 보면 최악의 결과라고 두려워했던 상황이 예상했던 것만큼 치명적이지 않다. 다른 사람들은 당신에게 그만큼 관심이 없고, 당신이 예상하는 것보다 더 쉽게 잊어버린다. 그것을 곱씹고 되새기면서 괴로워하는 것은 본인이지 주변 사람들은 그만큼 심각하지 않다.

한 가지 더 기억해야 할 점은 예상했던 것처럼 결과가 좋지 않았다고 해도 그것이 끝은 아니라는 것이다. 보통 상사 앞에서 한 번만 실수를 해도 무능한 사람이라고 낙인이 찍히고, 그것이 회사 생활에 치명적일 것이라고 생각한다. 발표회에서 질문에 대답하지 못하면 연구자로서 평판이 완전히 땅에 떨어지는 것이라고 극단적으로 해석을 하니, 그 다음의 기회에 대해 생각할 여유가 아예 생기지 않는 것이다. 하지만 한 번의 실수로 직장생활이 끝나는 일은 매우 드물다.

실패를 긍정적으로 바라보고 다시 이름을 붙여라. 실패는 끝이 아니라 새로운 도전을 할 또 다른 기회다.

마음의 근력을 키우자

- ☐ 성공을 상상하는 것이 좋다. 성공을 상상하는 사람이 성공할 확률이 더 높다.
- ☐ 연습하고 준비해야 한다. 걱정만으로는 아무것도 변화하지 않는다.
- ☐ 걱정을 나누는 것이 필요하다. 혼자 붙들고 있으면 시름이 깊어진다.
- ☐ 불안과 함께 지내는 것에 익숙해지는 것이 좋다. 미래가 불확실하기 때문에 현재의 삶이 역동적인 것이다.
- ☐ 기꺼이 실패하는 것이 필요하다. 실패는 끝이 아니라 다시 도전할 기회다.

여러 사람 앞에서 쉽게 불안해진다면

내가 어떻게 보일지에 대해

지나치게 집착하고 있는 것은 아닌지 돌아보자.

4장

친절하게 최선을 다했는데
자꾸 마음이 무거워진다면?

소심함

시간은 누구에게나 하루에 24시간씩 일정하게 주어져 있다. 남녀노소를 막론하고 똑같다. 그 시간을 어떻게 쓰는가 하는 것은 개인의 성격, 선호, 흥미 등에 따라서 달라질 것이다. 누군가가 내 시간을 빌려 자신을 도와달라고 부탁해올 때 그것을 허용하는가 마는가 하는 것은 전적으로 개인의 선택이다. 문제는 그 선택을 한 후의 기분이다.

처음엔 친절하게 선의를 베풀었다고 생각했는데, 왜 시간이 지날수록 마음 한쪽이 무겁고 무언가 부족한 것 같은 느낌이 드는 걸까? 그때 냉정하게 거절했어야 하는 게 아닐까? 왜 나는 거절하지 못하고 손해를 보면서까지 친절한 걸까? 지나간 것에 대해 조금씩은 후회가 남는다. 그런데 반복적으로 비슷한 상황과 관련해 후회를 하게 된다면 마음의 습관을 점검해야 한다.

제대로 거절을 못하게 만드는
마음의 습관 3가지

주변의 부탁에 대한 부정적 표현을 하는 것이 어려워서 따라주다보면 서운한 마음이 쌓일 때가 있다. 부탁을 받아들일 것인가, 거절할 것인가는 나의 선택인데, 나중에 서운한 마음이 들었다면 그 부탁들은 거절하는 것이 나에게 맞는 선택이었을 것이다. 모든 부탁을 수용하는 것이 반드시 친절하다고 볼 수는 없다. 부정적 표현을 하는 것이 불편하기는 하지만, 그 불편함을 가중시키는 마음의 습관이 있다면 수정해가는 것이 실속을 차리는 데 도움이 될 것이다.

내가 원하는 대로 하는 건
이기적이야!

"살면서 남에게 폐를 끼치지 않아야 하고, 서로 도우며 사는 거라고 생각합니다. 삭막한 직장생활을 하면서도 그 소신은 변함없이 꿋꿋하게 지키려고 노력하면서 지냈어요. 다른 사람이 해달라고 부탁하면, 내 일하느라 바쁘고 귀찮을 때도 있지만 오죽하면 부탁할까 싶어서 웬만하면 도와줬습니다. 그러다 보니 내 업무보다 다른 사람들의 자질구레한 업무를 처리해주는 데 시간을 더 소모하고 있다는 느낌이 듭니다. 거절하고 싶기도 하지만 내가 이기적인 사람이 되는 것 같아서 망설여집니다."

상대방을 도와줄 수 있는 것은 서로 도와주는 것이 합당하고, 어려운 일을 보면 나서서 도와주고 싶은 마음이 드는 것은 인지상정이다. 친절함은 바람직한 덕목이다. 하지만 부탁을 거절하지 못해서 더 중요한 것을 놓치게 되고 후회가 남는다면 무언가 문제가 있는 것이다.

적절하게 거절을 하지 못해 후회하는 일이 잦다면, 자신의 욕구를 따르는 것을 이기적이라고 생각하는 것은 아닌지 한번 돌아보자. 업무를 하면서 자신이 맡은 일에 먼저 집중해야 하는 것은 당연한 일이다. 조직은 각자 맡은 바가 있고 이것에서 책임을 다해야 전체적으로 성과가 나오는 것이다. 자신의 업무를 우선으로 두는 것은 이기적인 것이 아니라 책임을 다하는 것이라고 생각한다면 부석절한 죄책감을 피할 수 있다.

싫다고 하면 그 사람과 사이가 불편해질 거야!

"선배가 이번 연휴당직을 바꿔달라고 부탁을 하는데 차마 거절을 못했습니다. 지난번에도 동료가 집안에 잔치가 있다면서 휴일에 대신 당직을 해달라고 해서 나온 적이 있거든요. 이번 연휴에는 아내와 함께 여행을 가볼까 했는데 아무래도 못 갈 것 같습니다. 그때 선배의 부탁을 거절했어야 했는데 나중에 선배 얼굴 보기가 어려워질 것 같아서 차마 입이 안 떨어졌습니다. 이제 아내한테 여행 못간다는 이야기를 전할 생각을 하니 정말 미안하네요."

거절을 어려워하는 이유 중의 하나는 부탁을 거절함으로 인해 그 사람과의 관계를 해칠까 염려하기 때문이다. '싫다고 하면 상대방이 불쾌해하지 않을까?' '나중에 관계가 불편해지지 않을까?' '거절하고 난 후에 그 사람을 다시 보기 난처하지 않을까?' 등이 그렇다. 이런 부정적인 반응으로 인해 그 사람과의 관계가 달라질지도 모른다는 불안감이 내재해 있을 때 쉽게 "NO"라고 할 수 없다. 하지만 한 번의 거절로 인해 관계 자체가 쉽게 끝나지는 않는다.

게다가 이 기저에는 모든 사람과 호의적인 관계를 유지하고자 하는 마음이 숨어 있다. 호의를 베풀면 상대방은 나에게 호감을 느끼게 될 것이다. 그렇다고 그것이 반드시 돈독하고 친밀한 관계로 이어지는 것은 아니다. 당신이 모든 사람의 부탁을 다 들어준다면, 사람들은 굳이 자신의 부탁을 들어준다고 해서 당신이 자신과 더 친밀하다고 해석하지 않을 것이기 때문이다.

즉 당신의 친절은 두 사람의 관계에 특정적인 것이 아니라, 대상에 관계없는 모두에게 일반화된 특성이라고 할 수 있다. 그러므로 세상 모든 사람에게 호감을 얻을 수 없다면 진정으로 당신에게 중요한 관계에 집중하는 편이 낫다.

더 나은 선택이라는
착각

"부서에서 다들 하기 싫어하는 일이 있을 때 내가 좀 수고해서 되는 일이라면 다른 사람에게 굳이 말하지 않고 그냥 해버리는 편입니다. 그런데 어쩌다 보니까 정수기에 물통 바꾸는 것도 늘 제가 하고, 복사기 고장관리도 마치 제 일인 것처럼 되어버렸어요. 그런 일이 있으면 자연스럽게 동료들이 나를 찾고, 심지어 어떤 동료는 고장신고를 아직도 안 했느냐고 타박하더라고요. 이건 뭔가 잘못된 거 같아서 뭐라고 말하고 싶었지만, 괜히 사이가 틀어져서 나중에 서로 불편해지는 것보다는 내가 참는 게 낫다 싶어 아무 말도 안 했습니다. 그런데 자꾸 화가 나네요."

불편한 이야기를 하는 것보다는 차라리 스스로 해버리는 것이 낫다고 생각하거나 갈등을 만드는 것보다는 좀 손해보고 사는 것이 낫다고 생각하면 부정적인 표현이나 자기주장을 하기가 어렵다.

사적인 관계라면 지나친 친절을 베푼 후에 후회하는 일이 좀더 적을 것이다. 예를 들어 가족이 원하는 것을 위해 자신의 욕구를 희생했다고 해도 가족의 기쁨과 행복을 그 보상으로 얻으면 후회보다는 만족하는 경우가 많다. 하지만 업무상 관계에서는 이해관계와 경쟁이 얽혀 있는 경우가 많다. 각자 책임이 정해져 있고 그 책임을 수행할 능력, 더 나아가 경력 발전을 위해서는 당면한 업무를 할 수 있는 역량이 있음을 보여주어야 한다. 자기중심적인 태도는 지양해야 하지만 자신의 생각과 욕구를 분명하게 표현할 줄 아는 자기주장은 지향해야 한다.

그럼에도 불구하고 자기주장을 하지 않는 것이 더 낫다고 생각한다면 어떤 점에서 더 이득이 되는지 생각해볼 필요가 있다. 어떤 사람들은 경력 발전이나 남들의 인정 따위는 내게 중요하지 않다고 여길 수도 있다. 순전히 자신의 감정 측면에서만 본다고 해도, 그 순간에 마음이 편한 것과 추후에 들이는 자신의 노력과 그 노력에 대해 충분히 보상을 받지 못하는 것에 대한 억울함까지 고려한다면 어떤 것이 더 나은 선택인가? 또한 잠시 불편하거나 어색하더라도 자기주장을 함으로써 얻게 되는 것들에 대해서도 한번 고려해보라. 자신의 욕구를 감추는 것이 장기적인 관점에서 볼 때는 더 나은 선택이라고 할 수 없다.

마음의 습관을 점검해보자

- ☐ 자신의 욕구를 표현하는 것을 이기적이라고 생각하는 것은 아닌지 돌아보아야 한다.
- ☐ 부정적인 의사를 표현하면 관계를 해칠 것이라고 염려하고 있는 것은 아닌지 돌이켜보자. 모든 사람과 호의적인 관계를 유지하는 것은 불가능할 뿐만 아니라 그럴 필요도 없다.
- ☐ 갈등을 일으키는 것보다 자신이 약간 손해를 보는 것이 더 나은 선택이라고 생각할 수도 있다. 하지만 그 대가로 얻게 되는 것과 잃게 되는 것을 따져본다. 과연 정말 나은 선택일까?

직장생활을 잘하게 만드는
거절하는 법

관계를 중시하는 사람들은 부정적인 감정을 표현하기 어려워하는 경우가 많다. 이런 성향은 일반적으로는 감사와 존경을 받겠지만 직장에서는 반드시 그런 것만은 아니다. 정해진 시간을 친절에 할애하다 보면 자신의 업무수행에 부정적인 영향을 주고, 자기주장을 제대로 하지 못해 능력을 제대로 인정받지 못할 수도 있다. 직장생활에서 친절을 베푼 후에 후회하는 것도 이런 이유 때문이다. 어떻게 하면 내 욕구를 적절하게 표현하면서 마음을 다스릴까?

관계와 이슈를
분리해서 생각하자

관계 혹은 사람과 주제를 분리해서 생각하는 것이 필요하다. 누군가의 부탁을 거절하는 것은 그 사람을 거절하는 것이 아니라 그의 부탁을 받아들이지 않는 것이다. 그 사람이 틀렸다고 말하는 것이 아니라 그의 의견에 동의하지 않는 것이다.

관계를 유지하기 위해서는 자신의 욕구를 잘 참는 것보다 관계와 이슈를 혼동하지 않고 명확하게 의사표현을 할 수 있는 기술을 익히는 것이 더 중요하다.

T씨는 관계와 이슈를 분리해서 자기주장을 할 것을 조언했다. 하지만 다시 그 사람을 대하기 어색할 것 같다면서 망설였다. 어느 날 회의에서 동료 두 사람이 언쟁을 하는 것을 보면서 마음이 조마조마했고, 그 둘 사이가 어떻게 될까봐 내심 염려했다. 그런데 바로 다음 날 아침 출근길에 그 두 사람이 만나더니 아무렇지 않게 인사하면서 한가롭게 이야기를 나누는 것을 보고 내심 충격을 받았다. 다른 사람들이 모두 자신처럼 생각하지 않는다는 것을 확인했기 때문이다.

예전에는 참으로 가식적인 사람들이라고 생각했는데, 어쩌면 그들이 억지로 아무렇지 않은 척하는 것이 아니라 정말 마음에 담아

두지 않을 수도 있다는 생각이 들기 시작했다. T씨는 그 일을 계기로 마음의 불편함을 덜어내고 마침내 자기주장을 시작해볼 수 있게 되었다.

내 의견을 표현하는 것은 공격하는 것이 아니다

자기주장을 한다고 해서 그것이 모두 공격적인 표현을 의미하는 것은 아니다. 평소 본인의 의견을 잘 표현하지 않으려는 사람은 자기주장을 하는 모습을 상상해보기를 권하면 극단적인 장면을 연상한다. 상황이나 상대방의 감정을 고려하지 않는 공격적이고 극단적인 언사를 포함해 상상하는 경향이 있는데, 이것으로 그들이 왜 평소에 자기를 표현하는 것을 그렇게 꺼려했는지를 짐작할 수 있다. 싸우느니 차라리 참는다고 생각하는 것이다.

하지만 표현에는 다양한 방법이 있다. 예를 들면 "그게 아니라(네 의견은 틀렸다)"보다는 "그렇기도 하고(네 의견이 맞을 수도 있다)"를 사용하면 좀더 부드럽다. 또한 이미 지나간 문제보다는 미래의 해결책에 집중한다면 소모적인 언쟁이 아니라 생산적인 토론이 될 수 있다.

자신을 위해 할 수 있는 것들을
먼저 생각하자

그간 타인에게 향했던 친절의 에너지를 이제는 자신을 향해 사용해야 한다. 자신의 감정과 욕구에 민감해지고 그것을 충족하는 데 적극적으로 나서서 행동해보자. 자신의 욕구 충족에 지나치게 집중하면 이기적이고 자기중심적이 될 수 있지만, 반면에 타인의 욕구에 지나치게 민감하고 그것을 충족시켜주는 데 치중하면 자기를 잃을 수 있다.

친절이 지나쳐 후회가 남을 정도로 주변 사람들의 욕구에 민감한 사람이라면 그 민감성을 조금 낮추는 것도 필요하다. 그들이 민감성을 조금 낮춘다고 해도 평균적인 사람들에 비하면 여전히 주변 사람들의 욕구를 알아차리는 데 민감할 것이다.

자신의 욕구 충족과 타인을 향한 친절 사이에서 균형을 이루는 것이 마음 건강에 바람직하다. 친절이 지나쳐 후회를 남길 정도라면, 당신은 균형을 잃고 후자 쪽에 치우쳐 있는 것이다. 균형을 맞추도록 노력해보자.

관계를 유지하기 위한
다양한 기술을 개발하자

사람들과의 관계를 원만하고 우호적으로 유지하는 것이 아무리 중요하다고 해도, 자신의 욕구를 참고 상대방의 뜻을 따라주는 방식으로 호감을 쌓는 것은 군것질 거리를 많이 사주면서 인기를 얻는 초등학생의 방식과 다르지 않다. 친절을 베푸는 것은 호감을 얻는 한 가지 방법일 뿐이다.

직장에서 타인에게 호감을 줄 수 있는 다양한 자산을 개발하도록 노력하는 것이 필요하다. 업무 지식이나 새로운 정보 등 상호 간에 도움을 주면서 관계를 돈독하게 할 수 있는 방법은 다양하다. 자신이 가진 자산을 돌아보고 다양한 자산을 계발해보도록 하자.

마음의 근력을 키우자

☐ 관계와 이슈를 분리해서 생각한다.
☐ 자신의 의견을 표현한다고 해서 반드시 공격적일 필요는 없다.
☐ 자신을 위해 할 수 있는 것들을 먼저 생각한다.
☐ 관계를 유지하기 위한 다양한 기술을 개발해야 한다.

5장

반복되는 일상이
지루해 힘들다면?

3년차 증후군

직장을 대략 3년 정도 다니게 되면 직장인의 티가 제법 나기 시작한다. 신입사원 시절의 어리숙함은 사라지고, 업무에 대한 자신감도 어느 정도 생긴다. 또한 직장에 적응하느라 분주했던 시절을 벗어나 출퇴근도 익숙해진다.

이 시기의 고민 중 하나는 점차 열정이 사라지고, 일상에서 즐거움을 느끼지 못하며 지루해진다는 것이다. '슬럼프'라고도 하고, '직장인 사춘기'라고도 불리기도 한다. 이 슬럼프의 정체와 이유는 무엇일까?

직장인을 슬럼프에 빠지게 하는 것들

환경이 익숙해지면 사람은 편안해지기도 하지만, 한편으로는 변화를 갈망하게 되기도 한다. 익숙함은 지루함과 통하기도 한다. 이 변화에 대한 갈망을 어떻게 다룰 것인가는 그 원인이 어디에 있는지를 찾는 데서 시작해야 할 것이다. 환경에 적응하느라 지쳐 쉬고 싶은 것인지, 익숙함을 벗어나 새로움을 찾는 것인지 등 그 원인을 우선 탐색해봐야 한다.

이제는 몸도 마음도
지친다

학교와 직장의 가장 큰 차이는 소비자에서 고용인으로의 위치 변화다. 학생 때의 학업은 자발적인 의지로 자신의 계획과 목표에 따라 하는 것이지만, 직장인의 업무는 다르다. 지시에 따라 회사가 요구하는 목표와 계획에 맞추어 나가야 한다. 쉬고 싶을 때는 휴가를 내야 하고, 하기 싫은 업무라고 해도 이를 피하기는 어렵다.

이렇게 변화된 환경 규칙에 적응하고 맞추어가면서 몇 년을 시달리면 몸도 마음도 지치기 마련이다. 성취욕구가 강하고 열정이 높은 사람일수록 자신이 가진 에너지를 일에 쏟아부어서 몰입하게 되고, 여기에 적절한 휴식이 수반되지 못했다면 그만큼 더 지치고 탈진하기 쉽다.

"매일 새벽같이 일어나 출근해 정신없이 주어진 업무를 하다 보면 하루가 다 지나가고, 지친 몸으로 들어오면 밤 10시가 넘습니다. 취업고시라고 할 정도로 취업이 어렵다는 이 시대에 직장이 있으면 큰 복인데 무슨 배부른 소리를 하냐고 할지 모르지만, 반복되는 일과에 답답함을 느낍니다. 그저 아무것도 하지 않고 잠만 실컷 자고 싶습니다. '이렇게 쫓기듯이 살려고 그동안 열심히 공부하고 입사 준비를 했던가?' 싶어서 허무합니다."

A씨처럼 아무것도 하지 않고 그저 잠만 푹 자고 싶거나, 오직 쉬고 싶은 마음밖에 들지 않는다는 것은 자신의 몸과 마음이 가장 절실하게 원하는 것이 휴식이라는 것을 반영한다. 그동안 사신이 열심히 일해온 만큼 얼마나 열심히 에너지를 재충전했는지 한번 돌이켜보자.

직장생활 중에 찾아오는 무기력함, 짜증, 침체감 등은 에너지의 탈진에서 비롯되는 경우가 흔하다. 직장생활은 장거리 경기다. 단기간에 자신이 가진 에너지를 모두 쏟아내고 끝나는 단거리 경기가 결코 아니다. 에너지를 안배하고, 저하된 에너지는 충전하고 점검하면서 경기를 장기간 지속해나가야 한다. 이렇게 에너지가 충전되면 무엇인지 모를 허무함, 일상에 대한 답답함, 미래에 대한 부정적인 생각은 감소하고 긍정적인 측면을 좀더 많이 발견할 수 있을 것이다.

만약 만사가 귀찮고 쉬고 싶다면 충전이 필요한 시기임을 알리는 징조다. 휴식이 반드시 장기간의 휴가일 필요는 없다. 직장과 집을 오가는 생활에서 기분과 생각을 전환할 수 있는 즐거움을 주는 활동을 발견하고 실행하자. 인생을 즐길 줄 아는 사람이 업무에서도 즐거움을 발견할 줄 안다.

난 뭔가 다르게
살 줄 알았어!

3년차 증후군의 침체된 마음은 현실적인 한계의 직면과 관련이 있다. 인생의 전체적인 과정에서 직장생활에 대해 회의를 느끼기 시작하는 입사 3~5년차 정도의 시기는 이제 20대 후반에서 30대로 막 넘어가는 즈음이 일반적이다. 이때는 청년기의 패기, 이상주의가 사회생활에 부딪히면서 현실적인 검증을 거치게 되는 시기라 할 수 있다.

청년기에는 이상에 대한 관심이 높다. 미래에 대한 시각이 매우 낙관적이며 자신감도 넘친다. 여기에 입사라는 성취 경험을 하게 되면 자신과 미래에 대한 자신감은 더욱 고조된다. 하지만 직장생활을 통해 직장인 역할을 습득해가면서 현실의 한계를 점차 인식하고, 그동안 막연하게 생각했던 이상과 현실의 차이를 절실히 깨닫게 된다. 게다가 연령상 독립된 가정을 준비해야 할 시기이니 경제적인 부분에도 민감해질 수밖에 없다.

높이 올라갔다가 떨어지면 가속이 붙어 더 빨리 아래로 내려가는 것처럼, 미래에 대한 이상과 기대가 컸던 만큼 한계에 대한 자각은 더 비관적이고 부정적으로 다가오기 마련이다. 그래서 이 기기가 힘든 것이다.

"업무에서 인정받을 자신도 있었고, 친구들 부럽지 않게 사회적으로 자리를 잡을 수 있다고 생각했습니다. 그런데 월급쟁이를 몇 년 해보니 이상과 현실은 다르다는 걸 알았습니다. 정말 돈 벌기가 쉽지 않네요. 일만 잘한다고 되는 것도 아니고, 윗사람에게 인정받는 것도 어려운 것 같습니다. 이제 돈을 벌게 되었다고 뻐겼는데 제 수입으로 집 장만한다는 건 진짜 꿈같은 이야기군요. 이사님 말 한마디에 일희일비하는 과장님을 보면 안쓰럽기도 하고, 화가 나기도 하고, '나도 이제 저렇게 살아야 하는 건가?' 싶어서 짜증이 납니다."

B씨가 이사님에게 쩔쩔매는 과장님을 보면서 느끼는 연민은 자신에게 느끼는 감정과 별반 다르지 않다. '나는 좀 다르게 살 줄 알았는데 어쩔 수 없는 건가?' 하는 마음이 들면 자조적인 생각에 빠지기 쉽다.

나이가 들수록 미래에 대한 기대는 현실적이고 구체적이 된다. 미래 변화의 범위가 좁아진다는 것은 어떤 의미에서 슬프게 느껴질 수도 있다. 하지만 자신을 불쌍히 여기는 태도로는 변화할 수 없다. 미래보다는 과거 지향적 관점을 이끌어내고, 행동보다는 감정 지향적이 되기 쉽기 때문이다.

지금 내게
절실히 필요한 건 변화야!

일상에 대한 지루함은 새로운 변화를 향한 욕구로 해석할 수 있다. 새로운 것에 대한 열망이 강한 사람일수록 변화에 대한 욕구가 강하다. 업무에 익숙해지고 반복된다고 느낄 때 현재 상황을 변화시키고 싶은 동기가 더욱 강해지는 것이다.

"하루하루가 재미없습니다. 직장생활을 재미로 하냐고 하면 할 말은 없습니다만, 그래도 처음엔 제가 하는 일에 열정도 흥미도 있었어요. 학교를 떠나서 사회인이 되었다는 것도 뿌듯했고, 업무를 배워나가는 것도 재미있었습니다. 그런데 이제 타성에 젖었다고 할까요? 무엇을 해도 짜증이 나고, 적당히 넘겨버리자는 생각이 먼저 듭니다. 이 업무에 너무 익숙해져서 그럴까요? 이렇게 지내도 괜찮을까요?"

모든 사람들이 반복되는 일상에 대해 불편함을 느끼는 것은 아니다. 어떤 사람들은 변화가 거의 없는 익숙함 속에서 오히려 안정감을 느끼고 이를 지속시키기 위해 노력한다. 반면에 안정감에 대한 욕구보다는 도전에 대한 욕구가 더 큰 사람들도 있다. 만약 지친 몸과 마음을 충전하고, 현실의 한계를 기꺼이 수용했음에도 불구하고 여전히 업무에 대한 동기가 살아나지 않고 의미를 찾기 어렵다면 이제 자기 발전을 향해 움직일 때다.

변화라고 하는 것은 반드시 이직이나 업무 전환을 의미하는 것은 아니다. 업무에 도움이 되는 기술이나 지식을 습득하는 것일 수도 있고, 현재 하고 있는 업무의 의미를 찾을 수 있도록 선배들의 간접적 경험이나 조언을 구하는 것일 수도 있다. 어떠한 방법이든 여기에서 중요한 핵심은 타성에 젖어 시간을 그냥 보내면 안 된다는 것이다.

자신에게 슬럼프가 찾아왔다면 그 슬럼프는 변화와 발전을 원하는 내면의 신호임을 인지하자. 그런 후 이런 슬럼프 시기를 긍정적으로 받아들이도록 노력해야 한다.

마음의 습관을 점검해보자

- ☐ 내 안의 에너지가 소진된 것은 아닌지 돌아보고 재충전의 기회를 갖는다.
- ☐ 기대했던 직장생활과 현실의 차이에 실망한 것은 아닌지 돌아본다.
- ☐ 변화와 발전을 향한 신호라면 이를 자기 성장을 향한 긍정적 기회로 삼는다.

직장인이 슬럼프를 현명하게 극복하는 법

슬럼프를 극복하고 다시 업무에 활기를 찾기 위해서는 내 마음을 어떻게 다스려야 할까? 내 안의 모든 에너지가 소진되었다면 우선 충분한 휴식을 취해야 한다. 충분한 휴식으로 에너지를 재충전한 후에 자신의 경력을 점검해보고, 다시 슬럼프에 빠지지 않도록 자신을 관리할 필요가 있다. 슬럼프에서 벗어나는 건강한 변화를 시도하기 위해서 고려해야 할 것들을 살펴보자.

슬럼프는 직장생활의
자연스러운 과정이다

침체기는 누구에게나 올 수 있다. '어떻게 하면 슬럼프를 피할 것 인가?'보다는 '어떻게 극복할 것인가?'가 더 중요하다. 아무리 마음에 드는 매력적인 일이라도 반복되는 일상이 되면 지칠 수 있다. 업무에 대한 동기가 저하되고, 일의 효율이 오르지 않을 수도 있다. 하지만 이 시기를 지나가는 하나의 과정이라고 받아들일 때 부정적인 사고와 자신에 대한 비판에 빠지지 않을 수 있다.

"취업한 것도 큰 복인데 배부른 소리 하고 있다"라고 말하는 것은 자신을 부정적으로 판단하고 비판하는 어조가 담겨있다. 누구나 때로는 지칠 수도 있고 그래서 쉬고 싶은 마음이 들 수도 있는데, 자신에게 그러한 마음이 드는 것 자체를 허용하지 않으려는 것이다. 그동안 일에 열심히 몰입해왔다면 지칠 수도 있고, 지치면 쉬고 싶은 마음에 짜증이 날 수도 있다.

지쳤을 때 분발하자며 더 다그치고 채찍질하는 것보다는 쉬어갈 수 있는 여유를 주는 것이 더 바람직하다. 그동안 기울인 자신의 노력을 인정해주고 자신에게 보상을 주면서 시간적인 여유를 두어야 한다.

스트레스 상황을
주기적으로 점검하자

최근 있었던 주요 스트레스 상황을 점검해보는 것도 침체의 원인을 돌아보는 데 도움이 된다. 반복되는 평이한 일상 속에서 에너지가 소진될 수도 있지만, 한 번에 많은 에너지를 앗아가버리는 스트레스 사건이 있었을 수도 있다. 예를 들면 최근에 예상치 못한 실수가 있었거나, 대인관계에서 갈등이 심해졌거나, 혹 다른 경력을 선택해 성공한 친구를 보면서 자신의 모습이 초라하게 느껴질 수도 있다.

지쳐 있다는 것은 마음이 약해졌다는 것을 의미한다. 에너지가 넘칠 때는 대수롭지 않게 넘겨 버릴 수 있는 사건도 마음이 약해져 있을 때에는 큰 영향을 미치고, 부정적으로 받아들이기 쉽다. 실수를 한 후에 자신의 능력 전체를 비하하거나, 상사와 갈등이 심해져 이제 더이상 편안하게 회사생활 하기는 어려울 것이라고 단정지어버리거나, 성공한 친구를 보면서 '저 친구가 저렇게 될 때 나는 쓸모없는 짓들만 하고 있었다'고 과거의 노력을 모두 부정하는 것 등이다. 이런 태도는 자신감을 저하시키고, 부정적이고 냉소적인 태도를 만들어낼 수 있다.

스트레스 상황을 점검해보고, 자신이 이를 과장해서 비관적으로 해석하고 있는 것은 아닌지 검토해보자. 생각해보면 지금 당신이 느끼는 업무에 대한 불만과 지루함 등은 새삼스러운 것이 아니다.

스트레스 상황에 놓이게 되면 주변의 부정적인 것들이 먼저 눈에 들어온다. 또한 그 정도도 과장하기 쉽다. 뒤집어 생각하면 당신이 그동안 업무를 하면서 즐거움과 만족을 느끼던 부분도 크게 달라진 것은 아니다. 단지 그 부분이 이제 더이상 중요하지 않을 뿐이다. 상황이 바뀌지 않았고, 나의 지각이 달라져 느끼는 답답함이라면 변화를 위해 자신의 지각부터 바꾸는 것이 필요하다.

경력계획상에서 자신의 현재 위치를 점검하자

현재 자신의 모습을 정리해보는 것도 동기를 북돋우는 데 도움이 된다. 입사 초기에 가졌던 목표, 경력계획들을 점검해보자. 초기에 어떤 목표를 원했는지, 어떤 기술이나 지식을 가지고 입사했고, 그것들을 어떻게 유지하고 개발해왔는지를 돌이켜본다.

장기적인 관점에서 3년 정도의 단위로 구체적인 경력계획을 세워보는 것도 좋다. 물론 초기에 정한 목표가 그대로 유지되지 않을 수도 있다. 그렇다고 현실과 타협해 목표를 낮추었다는 자기연민에 빠질 이유는 없다. 목표가 현실적이고 구체적일수록 실현될 가능성은 높아지니 성취감을 얻을 기회도 많을 것이다. 과한 목표를 세워놓고 지레 포기하는 것보다 현실적인 목표를 향해 노력해갈 때 발전된 모습을 이끌어낼 수 있다.

시기별로 어떤 목표를 원하는지, 각 목표를 달성하기 위해 지금 준비해야 할 것이 뭐가 있는지 등을 점검해보자. 현재 중요하다고 여겨진 부분이 장기적인 관점에서 보면 그렇지 않을 수도 있고, 불만족스럽던 부분이 궁극적으로는 자신에게 도움이 되는 긍정적 측면이 될 수 있음을 발견할 수 있다.

계획한 대로 지키지 못하거나, 수정될 여지가 있다고 하더라도, 계획이 있다면 그렇지 않을 때보다 목표를 성취할 가능성이 높아진다. 자신의 현재 모습에 대한 객관적인 시각을 가질 수 있고, 개발하고 준비해야 할 부분에 대한 이해가 높아지기 때문이다.

합리적인 작은 변화부터
시도하자

침체된 동기를 끌어올리기 위해 변화를 시도하는 것은 바람직하다. 하지만 이러한 노력이 장기적인 경력목표를 고려하지 않은 단순한 현실도피가 되지 않도록 주의할 필요가 있다. 예컨대 나보다 더 큰 보수를 받는 친구를 시기하는 마음에 성급하게 이직을 결정하거나, 단지 새롭다는 이유로 평소에 관심이 없던 업무로 전환을 시도하는 것 등이 그렇다.

당장은 일상에 생기를 불러올 수 있을지 몰라도 장기적으로는 합리적인 결정이 아닐 소지가 크다. 합리적인 결정을 내리기 위해서는 균형 잡힌 시각이 필요한데, 침체기 때는 시각이 한 쪽으로 치우치기 쉽기 때문이다.

결정을 내리기 위해서는 충분한 휴식을 통해 에너지를 회복하고, 주변 스트레스 상황을 점검하자. 그래서 나를 힘들게 했던 사건들을 좀더 객관적으로 인식해 합리적인 사고를 할 수 있는 기반을 마련하는 것이 우선 필요하다.

앞서 이야기한 대로 경솔한 변화를 막기 위해서는 경력계획상에서 자신의 위치를 파악한 후에 앞으로 어떤 변화가 필요할지를 잘 고려해봐야 한다. 단순한 현실도피가 아닌 슬럼프를 벗어나기 위한 생산적인 변화는 큰 변화보다는 작은 변화부터 시도해보는 것이 더 좋다.

적극적으로
즐거움을 발견하자

동기에는 내적 동기와 외적 동기가 있다. 금전적 보상이나 상사의 인정, 명예 등은 외적인 동기를 유발하는 요인이고, 성취감이나 흥미, 즐거움 등은 내적인 동기를 유발하는 요인이다. 주변에서 누가 뭐라고 하든지 내가 좋아서 열심히 몰입하는 일이 있고, 성과에 따라 보상이 달라지기 때문에 열심히 하게 되는 일이 있다. 전자의 경우는 내적으로 동기가 유발된 경우이고, 후자는 외적으로 동기가 유발된 경우다.

침체기는 내적인 동기가 저하된 상태라고 할 수 있다. 어떻게 내적 동기를 되살릴 것인가? 직장생활에서 즐거움을 느낌으로써 내적인 동기를 불러일으킬 수 있는데, 즐거움이란 주관적인 것이어서 다른 사람이 주는 데는 한계가 있다. 다시 말해 즐거움은 스스로 찾아내는 것이지 외부에서 주어지는 것이 아니다.

즐거움을 발견하기 위한 첫 번째 방법은 긍정적인 태도를 가지는 것이다. 낙관적이고 긍정적인 사람은 위기에 처하더라도 자신에게 도움이 되는 면을 발견할 줄 안다. 일상사의 반복을 무료함으로 느끼는지 평화로움으로 느끼는지는 개인의 견해에 따라 달라질 수 있다.

228

두 번째 방법은 스스로 목표를 세우는 것이다. 조직에서 주는 과제나 계획이 아니라, 스스로 달성이 가능한 소소한 목표를 정하고 이를 이루면서 성취감을 느껴보도록 한다. 일에 대한 열정은 스스로 만들어가는 것이지 외부에서 주어지는 것이 아님을 기억하자.

마음의 근력을 키우자

☐ 슬럼프는 직장생활의 자연스러운 과정임을 수용한다.
☐ 스트레스 상황을 점검한다.
☐ 경력계획상에서 자신의 현재 위치를 점검한다.
☐ 장기적 목표 안에서 합리적인 작은 변화부터 시도한다.
☐ 적극적으로 즐거움을 발견함으로써 내적인 동기를 되살려본다. 긍정적 태도와 자발적인 목표는 성취감을 느끼는 데 도움이 된다.

내가 지금 슬럼프에
빠진 것일까?

아래 항목 중에서 7개 이상이 자신에게 해당된다면, 슬럼프에 빠진 것은 아닌지
자신을 돌아보자.

1. 업무에 대한 집중도가 예전 같지 않다.

2. 만사가 귀찮다.

3. 사소한 일에도 짜증내는 일이 전보다 많아졌다.

4. 현재 하고 있는 일을 계속 해야 한다고 생각하면 끔찍하다.

5. '이렇게 살려고 어렵게 회사에 들어왔나?' 하는 회의가 종종 든다.

6. 상사나 선배를 보면 나도 저렇게 될까봐 문득 겁이 난다.

7. 아침마다 출근하지 않고 이대로 어디론가 떠나는 상상을 한다.

8. 인생의 의미에 대해 생각하는 일이 잦아졌다.

9. 내가 진정으로 원하는 일이 어딘가에 있을 것 같다.

10. 막상 이직을 생각하면 내가 정말 원하는 게 무엇인지 모르겠다.

결정을 내리기 위해서는

충분한 휴식을 통해 에너지를 회복하고,

주변 스트레스 상황을 점검하는 것이 필요하다.

6장

관리자도 스트레스를
받는 것을 아시나요?

역할 스트레스

승진은 직장인들이 가장 바라는 일이다. 승진에 따라 직위와 권한, 급여 수준이 향상되기 때문이다. 승진은 분명 업무능력에 대한 인정이며 보상이지만 항상 기쁨을 주는 것만은 아니다. 승진이 가지는 또 다른 의미는 성과에 대한 부담감과 책임감이다. 특히 관리자가 되면 승진이 주는 양가적 의미를 알기 때문에 마냥 기뻐할 수만은 없다.

남들은 부러워할 일이건만 왜 내 마음은 편하지 않은 걸까? 그동안 누구보다도 열심히 일했고 받을 만한 보상을 받았다고 생각하면서도, 마음 한쪽이 불편한 경우가 있다. 굳이 겸손해야 한다고 생각하는 것도 아닌데, 기쁨을 누리지 못하게 만드는 내 마음의 이슈에는 어떤 것이 있을까? '직장생활의 꽃'이라고 불리는 승진이 마음을 편치 않게 하는 이유에 대해 살펴보자.

관리자를 끝없이
힘들게 하는 것들

연령에 맞는 인생과제가 있듯이, 직장에서도 연차에 맞는 책임이 주어진다. 직급과 직책이 그에 해당하는 것들이라고 할 수 있다. 책임을 맡는다는 것은 신뢰와 인정을 받는다는 점에서 기쁜 일이지만, 동시에 역할의무를 다해야 한다는 점에서 부담스럽기도 하다. 부담을 느끼는 것은 당연하지만 스스로 역할 스트레스를 가중시키는 관점을 지니고 있다면 더욱 피하고 싶어진다. 그런 관점을 바꾸어본다면 다가올 과제를 좀더 가벼운 마음으로 맞이할 수 있을 것이다.

잃는 게 생각보다
더 많을지도 몰라!

"동기보다 2년 먼저 승진했습니다. 작년에 제가 개발한 제품이 대박을 쳤어요. 동료들이 축하한다고 하는데 마음이 편치 않습니다. 튀는 놈이 정 맞는다고 동기들과 비슷하게 가는 게 좋지, 이렇게 눈에 띄어서 좋을 것 같지 않거든요. 시기하는 사람도 있을 것이고 말도 많을 겁니다. 그 제품 개발을 저 혼자 한 일이냐며 혼자서 공로를 다 가져갔다는 원망도 들었습니다. 입사 선배를 팀원으로 두고 일하니 처신하기도 애매하고, 동기들도 이전만큼 저를 편안하게 대하지 않는 것 같습니다. 전 가늘고 길게 동료들과 즐기면서 직장생활을 하고 싶은 사람인데 이런 상황에 놓이니 요즘 참 힘듭니다."

모든 변화처럼 승진에도 긍정적인 결과와 부정적인 결과가 동시에 뒤따른다. 승진이 마음을 불편하게 만드는 이유 중의 하나는 성공에 대한 부정적인 결과에 집중한다는 것이다.

승진을 하면 동료들의 시기와 원망이 있을 수도 있고, 입사 선배를 하위 직급으로 두어야 하는 불편한 상황이 발생할 수도 있다. 이외에도 책임은 더 커지고 성과에 대한 부담감과 업무의 양도 더 늘어날 수 있다. 가족과 함께하는 시간이 전보다 줄어들 것이고, 원

236

치 않는 모임이나 회의에도 더 많이 참여해야 한다. 좋아하는 취미 생활을 즐길 시간적 여유도 줄어들지 모른다. 이러한 부정적인 결과들만 집중해 생각하년 승신이라는 것은 참으로 반갑지 않은 선물이다.

하지만 이것이 전부가 아니다. 승진을 해서 급여가 오르니 경제적으로 좀더 여유가 생길 것이다. 회사에서 권한이 커지니 업무에서 자신의 생각을 더 펼칠 수 있고, 대외적인 명예도 높아질 것이다. 동료들의 시기와 원망이 있다면 한편으로는 부러움과 존경도 있을 것이다.

성공으로 인해 발생할지 모르는 부정적인 결과에 초점을 맞추어 성공 자체를 회피하고, 더 나아가 일을 그르치거나 지연하면서 성과를 내지 않으려는 마음을 '성공에 대한 공포'라고 말한다. 승진 등 직장생활의 성과에 대한 인정을 부정적으로 여기거나 유난히 불편해하고 받아들이기 어려워한다면, 자신에게 성공에 대한 두려움이 있는 것은 아닌지 돌아봐야 한다.

이러한 부정적인 기대는 성공의 경험으로 인해 과거에 부정적인 경험을 했거나 간접적으로 목격했을 때 많이 생성된다. 구체적으로 과거의 어떤 경험이 자신의 마음을 지배하고 있는지 내 안을 들여다보자.

못하면, 그래서 내 실력이
드러나면 어쩌지?

"이번에 팀장으로 승진했는데 정말 부담이 됩니다. 제가 맡은 일은 잘하지만, 리더십도 없는 편이고 다른 사람 일까지 챙겨가면서 일할 능력은 안 되거든요. 여기서 성과를 내지 못하면 바로 밀려날 것 같고, 나중에 사람을 잘못 뽑았다는 이야기를 들으면 자존심이 상할 것 같아요. 높이 올라갔다가 떨어지면 더 아픈 법 아닙니까? 드러내놓고 걱정하면 능력 없어 보일 것 같아 내색할 수도 없습니다. 표현도 마음대로 못하니 더 답답합니다. 어떻게 해야 잘할 수 있을까요?"

자신이 성과를 내지 못할 것이라고 비관적인 전망을 하면서 지나치게 걱정하는 경우가 있다. 높이 올라갔다가 떨어지면 더 아플 것이라는 비유에서 알 수 있듯이, 이 사람은 승진하자마자 자신이 실패할 것이라고 예상하고 있다. 사람들이 수군거리는 모습 등을 예상하면서 자신의 불안을 들키게 될까봐 더욱 긴장하고 있다.

승진으로 권한과 보상이 커졌다는 것은 그만큼 책임도 증가했다는 것을 의미한다. 또 그 책임이 증가할수록 부담감은 점점 가중된다. 하지만 그 부담감이 지나치게 커진다면 현재의 기쁨조차 누리지 못하게 될 수도 있다.

238

이렇게 강한 불안감의 기저에는 자신의 능력에 대한 의심, 즉 낮은 자신감이 깔려 있다. 승진한 후에 '드디어 조직이 나를 알아보는구나'라고 생각하는 사람이 있는가 하면, '나를 왜 승진시키는 걸까?'라고 걱정하는 사람도 있다.

후자의 경우에는 대부분 성과에 대한 부담을 크게 느껴 인정받았다는 기쁨조차 누리지 못한다. 승진의 기쁨을 누리기도 전에 앞으로의 성과가 낮을 것에 대해 불안해하고 있다면, 겸손과 자기 비하를 혼동하고 있는 것은 아닌지 돌아보자.

왜 이렇게 뭔가
복잡하고 꼬였지?

"작년에 팀장으로 승진했습니다. 팀장이 되고 나니까 제가 일을 하기보다는 지시를 해야 하는데, 막상 시켜놓고 일하는 걸 보면 답답해서 참기가 어렵네요. 야단을 치려고 하면 팀장이 되더니 사람 달라졌다고 할 것 같고, 일일이 가르치려고 하면 시간이 오래 걸려요. 차라리 제가 직접 하는 게 속이 편할 것 같은데, 그랬더니 팀장이 일을 독점하고 기회를 주지 않는다고 팀원들 간에 불만이 생기더군요. 승진해서 좋은 것은 잠시였고 스트레스만 더 쌓입니다."

직급의 변화는 여러 가지 다른 변화를 유도한다. 호칭만 달라지는 것이 아니라 조직 내에서의 역할도 달라지게 된다. 역할의 구체적인 변화는 승진한 직급에 따라 달라지는데, 특히 실무자에서 관리자 직급으로 변화했을 때의 역할 변화가 가장 크다고 할 수 있다. 이전에는 상사의 지시에 따라 맡겨진 업무만 처리하면 자신의 책임을 다하는 것이었지만, 이제부터는 팀원 혹은 후배를 이끌면서 팀의 성과도 만들어야 하기 때문이다.

사람은 개인인 동시에 여러 가지 역할을 하도록 요구받는다. 예를 들면 한 남성은 부모님의 아들이자, 한 여자의 남편이자, 아이들의 아버지인데 각 역할마다 요구되는 행동이 동일하지는 않다. 고부 간의 갈등 사이에서 남편의 행동이 어려운 것은 남편이자 아들로서 요구되는 2가지 역할을 유연하게 오가며 대처해야 하기 때문이다. 남편으로서는 아내를 지지해야 하고, 아들로서는 어머니를 이해해야 하기 때문이다.

마찬가지로 승진으로 인해 관리자 역할이 추가되면, 이전 역할과 새로운 역할에 요구되는 행동을 유연하게 오가면서 적절한 변화를 꾀해야 한다. 승진 후에 어려움을 겪는 사례들을 보면 역할이 변화했음에도 불구하고 새로운 역할에 요구되는 행동을 무시하고, 이전의 패턴을 그대로 유지하고자 하는 경우가 흔하다. 역할이 변화했으면 그에 따라 행동도 달라져야 하는데, 시각을 넓히지 못하고 이전의 패턴을 그대로 고집하는 것이다. 이럴 때 승진은 즐거움이 아니라 괴로움이 된다.

마음의 습관을 점검해보자

- ☐ 성공의 부정적인 결과에만 집중하고 있는 것은 아닌지 살펴본다.
- ☐ 성과에 대해 지레 지나친 부담을 느끼는 것은 자신의 역량에 대한 의심일 수 있다.
- ☐ 역할 변화에 저항하면서 이전 행동을 고집하고 있는 것은 아닌지 탐색해본다.

관리자로서 힘차게
직장생활을 하는 법

새로운 역할에 적응하기 위해서는 어느 정도의 시간이 필요하다. 신입사원 시절에 필요했던 기간에 비해서는 짧다고 하더라도, 시간이 필요하다는 것을 스스로 받아들이는 것이 좋다. 빠른 시일 안에 내 능력을 보여야 한다는 조바심은 성취에 대한 부담감을 더욱 무겁게 할 뿐이다. 그렇다면 승진의 기쁨을 충분히 느끼면서 새로워진 역할에 적응하기 위해서는 내 마음을 어떻게 다스려야 할까?

최대한 보상에
집중하자

승진으로 잃는 것이 있다면 얻는 것도 있다. 잃어버리는 것보다는 얻게 되는 것, 즉 보상에 집중해야 한다. 막연하게 보상을 떠올리는 것보다 승진으로 인해 일어나는 변화의 구체적인 목록을 작성해보는 것이 좋다.

객관적으로 지각되는 것과 다르게 주관적으로 중요하다고 지각되는 변화들을 쭉 한번 나열해보자. 그러면서 긍정적인 결과와 부정적인 결과의 균형이 얼마나 잘 이루어지고 있는지를 제대로 검토해보는 것이다.

부정적 기대가 많다면 그 기대를 하게 된 과거의 직접적·간접적인 경험을 탐색해보자. 예를 들어 승진 이후에 가족과의 관계가 소원해지거나 동료들에게 소외될 거라 예상한다면, 그와 유사한 사례를 본 적이 있는지를 돌이켜보는 것이다. 일부 특별한 사례를 모든 성공 경험으로 일반화하고 있는 것은 아닌지, 또한 과거 사례에서도 오로지 부정적인 결과에 대해서만 생각해보는 것도 도움이 될 수 있다.

유능한 관리자와
착한 관리자를 구분하자

승진 후 잃게 될까봐 염려하는 많은 부분은 사람과 사람 사이의 관계와 관련된 것이다. 눈에 띄는 사람은 칭찬을 듣기 쉬운 만큼 비판에도 노출되기 쉽다. 동료들보다 빠르게 승진했다면 비판에 노출될 가능성이 더욱 높다. 만일 관계를 중시하는 사람이라면 다른 사람들의 비판에 더 민감하게 반응할 수 있다. 첫 번째 사례의 주인공처럼 친밀하던 동료, 후배, 상사들과 멀어지게 될 것이 염려되어 차라리 승진하지 않는 것이 더 편할 것 같다고 생각하는 것이다.

하지만 모든 사람에게 사랑을 받겠다는 기대는 지나친 욕심임을 기억할 필요가 있다. 책임과 권한이 커지면 이해관계는 더욱 복잡해지고, 모든 사람에게 좋은 평판을 얻기는 더욱 어려워진다. 더구나 이해관계가 얽혀 있는 조직에서 모든 사람에게 좋은 평판을 듣는다는 것은 매우 어려운 일이다.

회사의 관리자에게 중요한 것은 성과를 내는 것이지 인간관계를 좋게 만드는 것이 아니다. 공정함과 원칙은 지켜야 하지만, 이해관계가 충돌할 때 모든 사람을 만족시킬 수 없다는 사실도 인정해야 한다.

244

자신을 믿기 어려우면
조직의 판단을 믿어라

왜 나를 승진시켰는지 이해가 가지 않는다며 의아해하는 사람을 만날 때가 있다. 앞서 나온 두 번째 사례의 주인공처럼 말이다. 이는 자신에 대해 부정적으로만 지각하는 경우다.

　자신을 믿지 못하겠거든 조직의 판단을 믿는 것도 좋은 방법이다. 조직은 여러 조건과 다른 대안들을 놓고 고려해 판단했을 것이고, 적합한 자격이 없는 사람에게는 권한과 책임을 부여하지 않는다. 최고는 아니라도 현재의 대안 중에서는 최선이기 때문에 기회를 준 것이다. 이제부터 그들의 판단이 틀렸다는 것을 열성을 다해서 증명할 것인지, 자신을 믿고 역량을 발휘해 옳은 판단이었음을 보여줄 것인지는 선택하기 나름이다.

맥락 속에서
자신의 역할을 파악하자

승진하면 조직이 요구하는 역할을 파악하고 알맞은 태도와 가치와 관점을 습득해간다. 이때 전체 맥락 속에서 자신에게 요구되는 역할이 무엇인지 파악하는 것이 중요하다. 예전의 방식 중 어떤 부분은 지속할 수 있고, 어떤 부분은 변화해야 할 것이다. 관리자는 더이상 개인 단위로 일하거나 기술적인 부분에만 치중해서는 안된다.

전체 연결망 차원에서 상황을 파악하고, 세부적인 기술 부분보다는 팀 전체 업무 일정의 관리에 치중해야 한다. 새로운 역할은 다양한 경로를 통해 학습할 수 있다. 주변의 피드백을 수용하거나 선배나 동료의 행동을 관찰하는 등의 개방적인 태도는 학습에 도움이 된다.

조직의 맥락 속에서 전체적이고 장기적인 관점으로 문제를 지각하고 파악하는 것이 필요하다. 변화는 자신의 역량을 개발할 좋은 기회임을 잊지 말아야 한다.

자신에게 가끔은 여유를 허용하자

역할에 익숙해지는 데는 누구나 시간이 필요하다. 시행착오를 거치면서 차츰 익숙해지는 것이다. 이전에 숙련된 실무자였다고 하더라도 새로운 역할에서는 초심자임을 인정해야 한다. 여유를 두고 조급함을 버릴 때 새로운 역할의 요구를 발견하기가 더 쉽다.

유연하고 개방적인 태도로 변화된 프레임을 이해하고 새로운 기술을 습득해야 한다. 독단에 빠지지 않도록 주변의 피드백에 항상 귀를 기울이면서 자신의 행동을 조절해나갈 때, 새로운 역할에 익숙해질 수 있을 것이다.

마음의 근력을 키우자

- ☐ 최대한 보상에 집중한다.
- ☐ 착하다고 유능한 것은 아니다. 직급이 올라갈수록 이해관계가 얽히고, 점차 모든 사람의 기대를 충족시킨다는 것은 어려워진다.
- ☐ 자신을 믿어야 한다. 그래도 의심스러우면 조직의 판단을 믿고 자신감을 가지고 몰입한다.
- ☐ 맥락 속에서 자신의 역할을 파악한다.
- ☐ 역할에 익숙해지는 데는 시간이 필요하다. 여유를 두고 변화를 즐긴다.

내 마음을 위로하는
휴식의 기술

급격히 업무량이 늘어나서 새로운 업무에 적응하느라, 혹은 업무에 대한 책임감 때문에 지칠 수 있다. 혹은 완벽을 추구하느라 에너지를 바닥이 보일 때까지 소진해버렸을 수도 있다. 에너지는 남지 않았고, 누적되어온 긴장감은 톡 치면 넘칠 것처럼 찰랑거리다 보니, 평소 같으면 아무렇지 않게 넘길 일도 버겁다.

제때 충전하지 않으면 모두 소진된다

에너지를 충전해주지 않고 소모하게 되면 업무 능력은 오히려 저하된다. 제때 휴식하지 못하는 사람들은 대부분 그 중요성과 효과를 과소평가한다. 어차피 해야 할 업무는 같은데 쉬어봐야 달라지지 않을 것이라고 말한다. 장기간의 휴가나 근사한 여행을 해야 휴식이 된다고 여기기 때문에 아예 엄두를 내지 못하는 경우도 있다. 하지만 에너지를 채워주는 휴식은 무엇을 하는가 혹은 얼마나 오래 쉬는가보다는 어떻게 하는가가 중요하다.

즐거움을 느끼는 활동을 찾아보자

에너지 충전에 도움이 되는 진정한 휴식이란 단지 아무것도 하지 않는 것이 아니라 즐거움을 얻을 수 있는 것을 말한다. 다시 말하면, 스트레스를 주는 활동을 안 하는 것이 아니라 즐거움을 느낄 수 있는 활동을 추구하는 것이다. 몇 년 전에 어떤 기업과 행복지수 관련 프로젝트를 하면서 발견한 점은 삶에 대한 만족, 즉 행복감을 결정짓는 요인 중의 하나가 취미의 존재 여부라는 것이었다. 업무와 관계없이 개인적인 관심을 가지고 즐겨 하는 활동, 즉 취미가 있는 사람은 그것이 무엇이

든지 취미가 없는 사람에 비해서 행복감이 더 높았다.

취미가 없다고 해서 불만족이 더 크지는 않지만, 취미를 즐길 줄 아는 사람의 행복감이 더 높다. 취미는 휴식시간의 목적과 방향을 찾아주고, 정기적이고 꾸준히 몰입할 거리를 제공해준다는 점에서 도움이 된다고 볼 수 있다. 휴식기간에 '그냥 있는 것'이 아니라 적극적으로 몰입할 대상이 있다는 점에서 긴장감을 완화시켜주고 행복감을 증진시켜 주는 것이다.

나에게 맞는 휴식을 시도해보자

취미라고 해서 반드시 비용이 많이 드는 것일 필요는 없다. 아무리 좋은 휴양지로 여행을 간다고 해도 마음이 함께 떠나지 못하면 휴식의 의미는 없다. 소박한 것이라고 해도 그것을 즐기기 위해서 기대하고 탐색하고, 그 과정의 즐거움을 느끼는 것이 의미가 있다. 휴식의 필요성과 효과까지 깨닫고 난 후, 많은 사람들이 뭘 할 때 즐거운지를 모르겠다고 한다. 혹시 하고 싶은 것이 언뜻 떠오르지 않는다면, 지금부터 당신을 즐겁게 하는 활동이 무엇인지를 마음을 탐색해보기를 권한다.

나에게 맞는 휴식을 찾아가는 과정에도 연습이 필요하다. 내가 무엇을 할 때 즐거움을 느끼는지, 무엇을 하고 싶었는지 돌이켜보면서 하나씩 시도해보자.

★ 메이트북스는 독자의 꿈을 사랑합니다.

사람을 움직이는 소통의 힘
관계의 99%는 소통이다

이현주 지음 | 값 14,000원

직장생활에서 바람직한 인간관계를 맺기 위해 필요한 소통 방법을 다룬 지침서다. 많은 기업에서 직장 내 관계에 대한 교육과 상담을 활발히 해온 저자는 이 책을 통해 올바른 소통 방법을 알려준다. 인간관계를 기반으로 한 소통을 다루면서 우리가 알고 있었던, 혹은 눈치채지 못했던 대화법의 문제점을 지적한다. 회사에서의 답답했던 소통으로 목말랐던 직장인이라면 이 책을 통해 그동안 소통 때문에 겪은 스트레스를 해소할 수 있을 것이다.

한국인이 가장 많이 틀리는 맞춤법 70가지
맞춤법을 알고 나니 사회생활이 술술 풀렸습니다

함정선 지음 | 값 16,000원

한국인이 가장 많이 틀리는 맞춤법 70가지를 엄선해 속시원하게 정리한 책이다. 저자의 재치 있는 글솜씨가 돋보여 누구나 이 책을 읽으면 맞춤법을 재미있고 자연스럽게 익힐 수 있다. 맞춤법을 잘 지킨다고 해서 사랑이 이루어지거나 직장에서 승승장구하지는 않을 것이다. 그러나 맞춤법을 지키지 않으면 사랑을 잃거나 곤란해지는 일이 생길 수 있다. 이 책을 통해 틀리기 쉬운 맞춤법을 완벽하게 정복해보자.

관계, 사랑, 운명을 바꾸는 감사의 힘
그저 감사했을 뿐인데

김경미 지음 | 값 15,000원

저자는 긍정심리학을 오래 연구한 학자다. 일상을 통한 감사함의 실천이 행복에 이르는 길이라는 이야기를 이 책에 담았다. 감사의 눈으로 자신과 세상을 바라보면 '가짜 행복'이 아닌 '진짜 행복'을 찾을 수 있으며, 행복은 멀리 있는 것이 아니라 우리 주변에 있다는 평범하지만 위대한 삶의 진리도 깨닫게 된다. 이 책을 통해 너무나도 잘 알고 있었던 '감사'의 효과를 실생활에서 누려보자.

"성찰하지 않는 삶은 살 가치가 없다!"
소크라테스적 성찰

엄정식 지음 | 값 15,000원

철학이 삶의 무기가 되는 현실에서 소크라테스적 관점을 가져보고 그러한 방식으로 살아가도록 하는 데 목적을 둔 책이다. 서강대학교 철학과 명예교수인 저자는 이 책을 통해 우리가 미처 알지 못했던 소크라테스의 진면목을 소개한다. 소크라테스의 가르침이 격동의 시대에 어떠한 의미로 다가올 것인지를 음미해본 내용으로 구성되어 있다. 최초의 근대인이라고 규정할 수 있는 소크라테스의 철학으로 내 삶의 무기를 만들어보자.

관계의 99퍼센트는 성격이다
성격도 수리가 됩니다

헨리 켈러만 지음 | 마도경 옮김 | 값 16,000원

감정을 억제하거나, 심하게 자신의 감정을 통제하거나, 감정 통제가 불가능하거나 의존적이거나 등등 그 어떤 성격 유형이든 이 책에 나오는 모든 상황은 나 또는 내 주변 사람들이 겪고 있는 정신적인 문제다. 하지만 다행히 저명한 심리학자인 저자는 사람의 성격이 바뀔 수 있다고 말한다. 이 책을 통해 나에게 고착화된 '성격'은 어떤 것인지 파악함과 동시에 주변 사람들을 이해하는 데 도움이 될 만한 많은 정보를 얻어보자.

누구나 쉽게 따라 하는 글씨 교정
나도 내 글씨를 알아보고 싶다

오현진 지음 | 값 13,000원

악필에서 벗어나고 싶은 사람들을 위한 글씨 교정책이다. 이 책은 글씨 쓸 때의 호흡과 획의 강약 등을 강조하며 빠르고 안정되게 쓰는 방법을 알려준다. 이 책을 펼치고 한 장한 장 연습하다 보면 그 원리와 방법을 깨닫고 바르게 변화한 글씨를 볼 수 있을 것이다. 다른 사람들 앞에서 자신의 글씨를 내보이기가 창피하다면 30년 경력의 서예 전문가가 알려주는 글씨 교정의 핵심 비법을 담은 이 책을 가지고 꾸준히 연습해보자.

누구나 쉽게 따라 하는 글쓰기 비법
퇴근길 글쓰기 수업

배학수 지음 | 값 16,000원

글쓰기는 삶을 사색하기에 가장 좋은 방법이다. 개인의 불안을 잠재우고, 자기 정립을하기 위한 가장 좋은 방법은 개인 에세이를 쓰는 것이다. 학생들은 과제를, 직장인들은보고서를, 일반인들은 메신저를 사용하며 매일매일 글을 쓴다. 그렇기 때문에 글쓰기의이론만 제대로 배운다면 글을 쓰는 것은 어렵지 않다. 이 책을 통해 에세이의 이론을 배우고 하나의 이론으로 모든 글이 술술 써지는 경험을 해보도록 하자.

성공과 운을 부르는 목소리 만들기 프로젝트
일과 관계가 술술 풀리는 목소리의 비밀

이서영 지음 | 값 15,000원

대화에서 목소리의 쓰임은 굉장히 중요하다. 설득력을 발휘해야 하는 상황에서 목소리를 효과적으로 활용한다면 원하는 방향으로 술술 풀리게 할 수 있다. 오랫동안 커뮤니케이션 전문가이자 목소리 코치로 활동해온 저자는 목소리도 홈트레이닝을 할 수 있도록 실제 강의를 듣는 것처럼 쉽게 써내려갔다. 자신감을 가지고 이 책으로 당신의 목소리를 고쳐보자. 단기간 내에 분명히 당신의 목소리는 매력적으로 달라질 것이다.

■ 독자 여러분의 소중한 원고를 기다립니다

메이트북스는 독자 여러분의 소중한 원고를 기다리고 있습니다. 집필을 끝냈거나 집필중인 원고가 있으신 분은 khg0109@hanmail.net으로 원고의 간단한 기획의도와 개요, 연락처 등과 함께 보내주시면 최대한 빨리 검토한 후에 연락드리겠습니다. 머뭇거리지 마시고 언제라도 메이트북스의 문을 두드리시면 반갑게 맞이하겠습니다.

■ 메이트북스 SNS는 보물창고입니다

메이트북스 홈페이지 www.matebooks.co.kr

책에 대한 칼럼 및 신간정보, 베스트셀러 및 스테디셀러 정보뿐만 아니라 저자의 인터뷰 및 책 소개 동영상을 보실 수 있습니다.

메이트북스 유튜브 bit.ly/2qXrcUb

활발하게 업로드되는 저자의 인터뷰, 책 소개 동영상을 통해 책에서는 접할 수 없었던 입체적인 정보들을 경험하실 수 있습니다.

메이트북스 블로그 blog.naver.com/1n1media

1분 전문가 칼럼, 화제의 책, 화제의 동영상 등 독자 여러분을 위해 다양한 콘텐츠를 매일 올리고 있습니다.

메이트북스 네이버 포스트 post.naver.com/1n1media

도서 내용을 재구성해 만든 블로그형, 카드뉴스형 포스트를 통해 유익하고 통찰력 있는 정보들을 경험하실 수 있습니다.

메이트북스 인스타그램 instagram.com/matebooks2

신간정보와 책 내용을 재구성한 카드뉴스, 동영상이 가득합니다. 각종 도서 이벤트들을 진행하니 많은 참여 바랍니다.

메이트북스 페이스북 facebook.com/matebooks

신간정보와 책 내용을 재구성한 카드뉴스, 동영상이 가득합니다. 팔로우를 하시면 편하게 글들을 받으실 수 있습니다.

STEP 1. 네이버 검색창 옆의 카메라 모양 아이콘을 누르세요.　STEP 2. 스마트렌즈를 통해 각 QR코드를 스캔하시면 됩니다.
STEP 3. 팝업창을 누르시면 메이트북스의 SNS가 나옵니다.